教出成绩好的孩子

家庭趣味教子

赵艳 编著 刘晶 绘

江西教育出版社
JIANGXI EDUCATION PUBLISHING HOUSE

图书在版编目（C I P）数据

家庭趣味教子. 教出成绩好的孩子 / 赵艳编著 ; 刘晶绘. -- 南昌 : 江西教育出版社, 2019.5

ISBN 978-7-5705-0737-5

Ⅰ. ①家… Ⅱ. ①赵… ②刘… Ⅲ. ①家庭教育 Ⅳ. ①G78

中国版本图书馆 CIP 数据核字(2018)第 266500 号

家庭趣味教子

教出成绩好的孩子

JIAO CHU CHENGJI HAO DE HAIZI

赵艳 编著 **刘晶** 绘

江西教育出版社出版

（南昌市抚河北路 291 号　　邮编：330008）

各地新华书店经销

江西新华九江印刷有限公司印刷

720 毫米×1000 毫米　　16 开本　　10.5 印张　　字数 160 千

2019 年 5 月第 1 版　　2019 年 5 月第 1 次印刷

ISBN 978-7-5705-0737-5

定价：26.00 元

赣教版图书如有印装质量问题，请向我社调换　电话：0791-86710427

投稿邮箱：JXJYCBS@163.com　　　电话：0791-86705643

网址：http://www.jxeph.com

赣版权登字-02-2019-085

序言

PREFACE

从孩子出生起，家长就承担起了对孩子教育的职责。我们教育孩子要懂礼貌，希望他能成为一个善良、正直、乐观的人；我们教育孩子要好好学习，希望他能凭借优异的成绩，考上理想的大学；我们教育孩子要独立，希望他步入社会后，靠自身的真才实学，打拼出一片属于自己的蔚蓝天空。

可怜天下父母心。每位父母都对孩子的未来抱着无限希望，然而现实却往往不尽如人意，特别是孩子的学习成绩问题。当孩子的考试成绩不及格，考试分数忽高忽低时，家长究竟该怎么办？不少家长会觉得老师和学校应当负主要责任，或者把全部过错归结到孩子身上。家长对孩子怒吼、打骂，不仅对提高孩子的学习成绩没有任何帮助，还会令孩子产生了逆反心理，凡事都和父母对着干，亲子关系出现危机。

与学校教育相比，家庭教育对于孩子的影响更加深远。作为家长，我们必须明白，要想孩子考出好成绩，仅仅依靠老师和学校，那是远远不够的。只有家长、老师与孩子共同努力，才能克服学习过程中遇到的各种问题，帮助孩子真正形成自主学习的能力。在家庭中，家长要负责引导孩子对所学知识进行回顾和总结，进而以活学活用的形式完成知识输出。总之，只有家庭与学校密切配合，在老师和家长的共同督促下，孩子通过勤奋、努力的学习，学习成绩才能从根本上得到提高。

没有教育不好的孩子，只有不会教育的父母。教育是一门艺术，特别是家庭教育，策略很重要。父母想要教出成绩好的孩子，在家庭教育的过程中就一定要讲究方式、方法。要从孩子的性格特征等实际情况入手，形成一套独特的、适合孩子的家庭教育模式。

本书所涉及的都是孩子日常生活中普遍存在的学习问题，针对这些问题，本书提出解决策略，目的在于帮助父母有效引导孩子养成良好的学习习惯，掌握科学的学习方法，改正学习过程中常犯的错误，激发头脑的灵活性，对学习产生浓厚的兴趣，进而高效率地利用时间，真正考出好成绩。

希望通过丰富的家庭教育案例，以及风趣幽默的文字，让更多父母与孩子真正受益。父母良好的言传身教能带给孩子正面的影响。希望家长与孩子共同阅读本书，在快乐中携手相伴，共同成长。愿我们的家庭教育真正成为孩子快乐学习的沃土，愿天下所有孩子都能快乐成长全面成才！

目录 Contens

第一章 Chapter 1

注意力飞走了

- 上课总想看窗外
- 写作业三心二意，想不出错都难
- 这么吵，我怎么做作业
- 英语课本像天书一样
- 屁股长腿了，就是坐不住
- 都是多动症惹的祸
- 我被动画片留住了
- 小小注意力，大大影响力

上课总想看窗外

① 同学们，今天我们来学习唐代诗人李白的《望庐山瀑布》。

可我现在只想看窗外！

② 大家跟我读，“日照香炉生紫烟”。

窗外的柳树青翠欲滴。

③ “遥看瀑布挂前川”。

柳树上有两只黄色的鸟。

④ 小川，你能告诉我“飞流直下三千尺”的下一句是什么吗？

我想下一句应该是“两个黄鹂鸣翠柳！”

错！

发觉孩子上课注意力不集中的问题时，家长切忌一味责备和埋怨孩子。正确的做法是，通过仔细观察孩子，同时和孩子以及老师沟通，找到问题症结所在，然后对症下药。

1

有的孩子上课开小差是因为睡眠不足，大脑疲劳缺乏休息，常有昏昏欲睡的感觉。为了摆脱这种感觉，很可能转移注意力，去做其他让自己觉得更加舒服的事情。孩子长期睡眠不足，注意力就会变得分散，甚至老师上课讲什么都被当成了耳旁风。此时家长就要引导孩子早睡早起，坚持午睡，保证充足的睡眠时间。这不仅需要家长对孩子进行有效的监督和管理，更重要的是，家长要让孩子学会自我管理。规定好每天的上床睡觉时间，孩子临睡前上好闹钟，第二天闹钟响起马上起床，中午放学回家吃完饭就立刻上床睡午觉。家长只有帮助孩子养成有规律的生活习惯，定时定点做事情，才能充分保证孩子的睡眠时间，才能令孩子以良好的状态走进学校，步入课堂，集中注意力认真听讲。

2

有的孩子上课注意力不集中是因为对所学课程缺乏足够的兴趣，或者对授课老师和他的讲课风格不是很喜欢。兴趣是一个人学习知识最好的老师，如果孩子对这门功课不感兴趣，那么必定不会主动投入更多时间和精力去思考，去研究。而老师可以说是课堂教学的灵魂，孩子如果不喜欢老师，不喜欢老师的授课风格，那么就会从内心深处产生排斥感，这种排斥感很难让他集中注意力听讲。遇到这种情况，家长除了自己与老师多沟通交流外，还要鼓励孩子多与该门课程的授课老师接触和沟通，课堂上积极参与，课后多提问题。当孩子对老师有了更深的了解，就会发现老师身上令人敬佩的地方，孩子的排斥心理也会随之发生转变，他会开始从内心深处接受老师，对老师讲授的课程逐渐感兴趣。在这个过程中，孩子对于课程本身的注意力也就会因为兴趣而自然建立起来了。

3

孩子学习压力过大、家庭或者人际关系发生一些变化等等，都可能造成孩子上课注意力不集中。家长要引导孩子正视考试，顺应孩子的意图去学习，不要强迫孩子上过多的辅导班。如果是因为人际关系导致孩子上课注意力不集中，家长可以引导孩子与当事人多沟通。如果僵化的人际关系实在无法扭转，那么鼓励孩子抱着顺其自然的心态去看待，孩子对遇到的人际关系问题也就能释然，课堂上飞到窗外的注意力便能渐渐飞回来。

写作业三心二意，想不出错都难

每个汉字哪怕是练习写三遍，对于性格活泼的孩子来说，恐怕也会觉得枯燥，更别说需要反复练习解答的数学题和重复背诵的英语单词了。很多孩子在写作业时都会遇到注意力难以集中的问题，尤其是作业量较大，写作业时间超过了孩子所能承受的心理底线时。孩子写作业的时候三心二意，没有把全部的注意力集中在学习上，面对需要细心解答的问题，答题效果就可想而知了。家长针对孩子写作业三心二意的问题，应当根据孩子的性格等实际情况，采取行之有效的改进措施。

1

给孩子提前立规矩。写作业时不要让孩子吃零食，水果和饮用水也最好在写作业之前都补充好。孩子写作业时就专心写作业，边写作业边进食不仅会分散孩子的注意力，还有可能造成消化不良。更值得注意的是，不可以让孩子边玩边写作业。孩子写作业的时候，让电视里播放着动画片、收音机里播放着广播、手机里播放着音乐的等等做法，都不可取。孩子写作业时尽量为他创造安静的、不被他人打扰的学习环境，这样孩子才能真正投入。所有关于写作业的规矩，家长都要事先与孩子商量好，协商的方式往往能够被孩子所理解。在孩子写作业时，一边找问题一边说教，家长看到问题再去说教，这极有可能会引起孩子强烈的逆反情绪。

2

让孩子适时休息。根据孩子的作业量和自身实际情况，给他规定好不同时段要写的作业量。将老师布置的作业细分成多个部分，每段时间内完成一部分的作业。家长要求孩子在相应的时间内要集中精力做作业，每段时间中途可以适时休息。劳逸结合，不仅能让孩子的学习效率非常高，还能让他养成专注做事的好习惯。长期坚持这样的时间管理方法，孩子会变得自律。

3

在枯燥之中寻找兴趣。家长引导孩子发现写作业过程中的兴趣。最初的时候家长可以和孩子比赛写作业，或者采用秒表计时的方式让孩子与自己比赛。给孩子在家中立一个计分板，与孩子一起制定规则，在上面标出孩子的写作业情况。用小贴纸、小红花等方式，为孩子建立奖励机制。孩子如果能够在规定的时间内集中注意力完成相应的学习任务，那么就可以在专门设定的区域为他贴上小贴纸表示奖励。家长要想方设法让孩子发现学习的乐趣。不要单纯地把写作业看成是老师给孩子布置的任务，让孩子产生写作业是一件枯燥无味的事的想法。只有轻松快乐的学习，孩子才会真正喜欢学习，愿意去积极主动的自主学习。

这么吵，我怎么做作业

想要孩子集中注意力做作业，为其创造安静的学习环境很重要。因为嘈杂的学习环境势必会干扰孩子的思路，令其分心。孩子写作业时，只有保证足够安静，避免打扰，他才能集中注意力去解题，高效率地完成作业。

1

孩子做作业时关掉手机。家长应当尽量避免在孩子做作业时频繁接打手机。长时间大声讲电话，正在写作业的孩子便会被动接受你传递出来的信息，这些信息会打断孩子的学习思路，令孩子的注意力转移到你电话里所讲的事情上，写作业的进度和效率都会因此受到影响。即便是家长确实有重要的电话要接打，也应当尽量远离正在写作业的孩子。到其他房间讲电话，并且尽可能压低声音，避免大声喧哗。

2

孩子做作业时关掉电视。我们主张让孩子独立完成作业，但这不意味着孩子写作业时，家长就可以随心所欲干自己的事情，尤其是看电视。电视节目往往娱乐性很强，对孩子具有极强的吸引力。如果孩子做作业时，家长在旁边事不关己地看电视，不仅电视的声音会分散孩子的注意力，从内心来讲，还会令孩子觉得极其不公平，甚至产生厌学情绪。正确的做法是，无论多么想看电视节目，只要孩子在写作业，家长都应该坚决果断地关掉电视，等孩子写完作业后一起看，或者以后在网上看重播。

3

做好孩子房间的“防噪音工程”。家中如果有年幼的弟弟妹妹，当孩子写作业时，最好将弟弟妹妹领到其他房间去，并尽量保持安静。同时，可在孩子房间挂上较厚的窗帘，门窗都做好密封，这样比较隔音。可以为孩子准备一块写有“请勿打扰”“请勿大声喧哗”等字样的小牌子。当孩子写作业时，关好房门，并将小牌子挂在房门上，这样所有家庭成员都会对保持安静这件事重视起来，即便家中有来访的客人，看到小牌子，也会比较注意。

孩子总是会对各种新奇事物感兴趣。在孩子的写作业时，家长最好能安静地做自己的事情，而不是趁着孩子写作业，家长转而去打电话和朋友闲聊，或者看电视自娱自乐。要知道，作为父母，你有责任为孩子创造良好的学习环境。什么是良好的学习环境？安静是首要前提。经常有家长把写作业不专心的问题归罪于孩子，却不从自身找问题。仔细审视我们的家庭教育，要想孩子好好学习，认真、高效率地完成作业，家长自己就要先行动起来。

英语课本像天书一样

英语学习的关键是培养孩子的听、说、读、写能力。孩子如果没有做课前预习，对英语单词和句型不理解，那么在上英语课时就会觉得像听天书一样，根本不知道老师讲的是些什么。孩子不明白老师讲什么，时间长了，注意力必然难以集中，在学习英语时思想就会开小差。随着英语学习的不断深入，难度也在加深，孩子看课本像天书一样，听不懂老师的课程，每次学英语时总是想干点别的事情，英语作业不能按时完成，英语成绩也就自然不会好了。

1

家长督促孩子认真背单词。即便是孩子听不懂整句英语或者是整篇英语课文，如果词汇量上去了，对于语义也能有大概的猜测。事实上英语单词比中文的汉字更加容易记忆。家长可以帮助孩子把英语单词制作成卡片，或者裁剪成拼图，以游戏的形式引导孩子记单词。当孩子发现了背单词的乐趣，集中注意力记忆，他的英语词汇量就会与日俱增。如果孩子的英语词汇量足够多，英语课本对于孩子来说就不再像天书一样了。

2

整理重点句型。英语语法是一个系统，家长可以帮助孩子根据课本整理出重点句型。在整理的过程中，孩子往往能够很好地集中注意力对句型加以记忆。家长可以根据课本和老师的讲义，认真为孩子讲解每个英语句型的意思及用途。孩子和家长一起，专心把英语重点句型梳理好后，通常就不会觉得英语课本像天书了。英语越学越明白，孩子还有可能因此养成自主学习的良好学习习惯，自觉努力学习英语了。

3

日常生活中多听、多看、多读英语，建立语境。让孩子多听听英文歌、英文广播，多看看英语动画片和电影，多读些经典的英语文章。孩子在日常生活中多接触英语，英语听力和口语都能有所提高。更重要的是，当英语成了我们日常生活的重要组成部分，孩子就不会在内心深处排斥学英语这件事情。家长要根据孩子的兴趣，为其提供相应的英语视听资料。如果能够让孩子喜欢上英语，觉得学习英语其实并不像听天书那么枯燥，而是充满乐趣，那么孩子也能更加专心地在英语世界里吸收更多有价值的信息。

总之，英语如果是孩子能够听得懂的，是充满乐趣的，在日常生活中孩子能够找到英语的用途，他就会愿意花更多时间和精力专心学英语。我们不能把孩子的英语学习仅仅局限在课本上，而要在学习课本知识的基础之上，与生活加以联系。当孩子在生活中发现了英语课本上有用的知识后，就不再认为课本像天书了，而会更加专注认真地进行学习。

屁股长腿了，就是坐不住

孩子学习时总是坐不住，书本刚打开，还没看几行字，便坐在椅子上扭来扭去，找各种借口想要去干其他事情。为此，家长常会感到非常苦恼。孩子坐不住，就不能专心学习，也就谈不上考出理想的成绩。于是有些家长总是强迫孩子坐在座位上，让他一动不动。孩子稍微分心，家长就在一旁责备。虽然这样在表面上让孩子坐住了，但孩子的心还是坐不住。其实家长必须从根源出发，找到孩子坐不住的原因，然后再采取相应的行之有效的对策。

1

学习内容太枯燥。孩子对所学知识不感兴趣，从主观上来说，便不想再积极配合学习下去。这个时候，孩子的屁股便像长了腿一样，想要离开座位，他想离开不感兴趣的学习内容，去做一些能够令自己感觉到轻松快乐的事情。可是很多书本知识是孩子必须要学习的，为了帮助孩子对学习产生兴趣，家长可以从学习方法入手对孩子进行引导，让孩子不再觉得学习是一件枯燥无味的事情。例如孩子在记忆数学定理和定律时，与其让孩子生硬地把数学公式牢牢记住，不如给他出一道充满想象力的带有故事性的数学题，让孩子在故事情节中放松心情，产生学习兴趣，恰当运用数学公式解题。孩子被故事情节深深吸引，集中注意力解题，当题目被解开后，孩子在故事中记住了运用的数学公式和解题方法，同时也真正坐住了。

2

孩子不理解学习内容和学习目的。如果孩子对所学内容没有理解到位，又或者没有弄清楚自己究竟为什么要学习这些内容，就很难坐得住。在这种情况下，孩子从潜意识里会认为学习对于自己没有任何实际意义，看不到明确的学习目标，那么与其听那些完全听不懂的知识，还不如找些更有趣的事情来做。这时家长就要引导孩子去真正理解所学知识，联系生活实际让孩子明白自己学的是什么，这些知识对于现实生活有什么具体作用。家长与孩子一起订立学习目标，开始的时候尽量将学习目标定得小一些，让孩子通过适当努力能够达到。这样孩子既理解了所学知识，又有目标作为指引，他便会愿意花更多时间去坐下来好好学习。

3

学习时间已经超过了孩子所能承受的限度。每个人的耐心都是有限的，就成人而言，当一件事情超出了自己所能承受的时间，也会有坐不住的情况，更何况是孩子。家长要善于观察孩子，认真记录孩子专心做一件事情的时间。在恰当的时间范围内，让孩子高效率的学习，当孩子实在坐不住了，注意不要强迫他继续学习，而要让孩子适当休息。

都是多动症惹的祸

儿童多动症的主要表现就是孩子过度活动，不能在长时间内集中注意力做事情。有的家长因为孩子多动就经常大吼大叫责骂他，甚至干脆对孩子大打出手。殊不知，暴力根本不能从根源上解决孩子多动的问题。多动症孩子本身也深受折磨，他们往往难以有效管理自己，因为多动被其他同龄孩子拒绝交朋友，加上年纪小还不知道该怎么恰当表达自己的想法，在学校里也免不了经常被老师批评。

每个人都希望自己在集体生活中受欢迎，成为大家喜欢的人。作为孩子的父母，家长应当通过对孩子的仔细观察，弄明白他多动的主要特点。比如孩子在什么情况下比较好动，什么情况下注意力会比平时相对更集中一些，孩子通

常是怎么表达自己的情绪等。在了解孩子的基础上，为孩子创造适宜的环境，帮助孩子专注做事。比如在孩子学习时，尽量不在孩子周围摆放玩具等容易让他分心的物品。家长认真记录孩子专心做事情的时间，可以在家中设置一面贴纸墙。当孩子专心做事情的时间能够比以前更长一些的时候，就在贴纸墙上贴一张孩子喜欢的小贴纸，作为奖励。这样孩子可以直观地看到自己的进步，也更加乐意配合家长改善自己多动的问题。学校方面，家长与老师多沟通。比如老师可以在课堂上给予孩子更多鼓励，让他多参与，积极回答问题；将孩子安排在离老师较近的位子上；当孩子能够专注地把事情做完整时，老师当着全班同学的面表扬孩子。这些都能令孩子增强自信心，更愿意配合成人对他进行心理疏导和行为管理，有助于多动症好转。在需要对孩子的错误行为进行惩罚时，要把握好两个原则。首先要避免言语上的侮辱和体罚，其次要先安抚好孩子的情绪。待孩子平静后，家长可以蹲下与之平视，用低沉而充满威严的声音详细具体地告诉孩子，他错在哪里，该如何改正，会受到什么样的惩罚。以此强化孩子对错误行为的直观认识。

当然，对多动的孩子，我们应该站在科学客观的角度上来看待。首先，就医是非常必要的。家长可以向专科医生或者是专业的注意力研究机构有针对性地咨询，获得权威的专业指导。其次，无论孩子的多动倾向如何，家长都要给予孩子足够的活动机会和空间。要知道，好动从某种程度上说是孩子的天性，特别是那些较外向的孩子，多数都比较好动。最后，家长应清醒地认识到任何人的注意力都不可能集中很久，不能一味的让孩子坐在书桌旁学习，学习时间过长，大脑会疲劳，因而对多动的孩子，我们必须站在科学客观的角度上来看待。

我被动画片留住了

孩子前一分钟在玩耍，后一分钟就要进入学习状态，他的注意力能否在短时间内从玩耍转移到学习上，并较长时间地集中在学习这件事情上，这是需要加以训练的，也是提高孩子学习效率的关键环节。有的孩子表面上在学习，但思维仍停留在刚才还在看的动画片上，或者想着和同学玩耍的事情，很难集中注意力认真学习。动画片的剧情、玩耍的场景等，会对孩子接下来的学习造成严重干扰。

1

根据孩子性格特点合理安排做事顺序。我们都知道，孩子从早上一睁开眼，就要独立处理很多事情。家长需要做的就是了解孩子的性格特点，根据孩子的性格，尽可能帮助他们合理安排做事情的顺序，从而保证孩子学习时，能够迅速进入学习状态，少受其他冗余信息的干扰。比如对于性格活泼的孩子而言，学习之前尽量让他不要做激烈的运动，也不要看动画片等，给孩子十几分钟的独处时间，让他安静下来，这样他会比较容易进入学习状态。然而对于性格相对较文静的孩子而言，学习之前则要想办法引爆他的兴奋点，家长发现孩子在情绪上表现得过于沉闷时，让孩子唱唱歌，释放一下自己，以更加开朗的心情和良好的精神状态开始学习。至于动画片等有故事情节的娱乐方式，最好安排在孩子完成学习任务之后进行。

2

在孩子的大脑里设置一个“转换开关”。许多事务繁忙的名人也会采取这样的方法，以便于自己能够集中注意力做事情。即家长让孩子想象出自己头脑中有一个“转换开关”，当孩子玩耍的时候，便想象着自己按下玩耍档，当孩子学习语文的时候，便想象着自己按下了语文档。规则就是，孩子按下什么档，就要专心做相关的事情。“转换开关”这样的心理暗示，事实上是随时提醒孩子，自己目前的主要任务是什么，同时要想方设法排除干扰，专心完成任务。孩子从潜意识中建立了排除干扰的认识，特别是在学习的时候，对于许多娱乐方面的干扰信息，就能够从内心深处加以抵制。这是培养孩子自控力的前提。

孩子的注意力如果能够顺利的从一件事情上转移到另一件事情上，并且做每一件事情都可以专心致志，这不仅有利于提高孩子的学习成绩，还能极大提高孩子的学习效率。当孩子步入高年级后，需要同时学习很多门功课时，如果可以在很短时间内将自己的注意力完美转移，这种强大的综合学习能力势必会让孩子在备战高考以及其他大型考试时，取得优势。

小小注意力，大大影响力

注意力好，通常指的就是孩子能够集中精力专心做事情。注意力好的孩子，往往学习成绩也比较好。从根本上而言，注意力对一个人的影响，主要在学习能力方面，它对孩子的观察力、记忆力以及学习效率都有深远影响。孩子如果能够养成集中注意力学习和做事情的好习惯，综合能力也会稳步提高，这对其一生的发展都非常有益。

1

注意力好的孩子善于观察。人只有集中注意力的时候，才会注意到事物的很多细节。如果孩子的注意力分散，他不仅不会对细节有更多留心，有时候可能连事情的重点和实质都意识不到。特别是在学习方面，良好的注意力，能让孩子的双眼与心灵直通，意识到很多知识的重要细节。恰恰正是这些细节，在多数情况下成为孩子考试得高分的关键所在。可以说观察力是学习好的孩子必备的重要能力之一，而注意力恰恰是培养孩子良好观察力的有力保证。因此，家长如果希望孩子学习好，就要让他多观察、多留心，并且在观察的过程中集中精神。

2

注意力好的孩子记忆力更强。我们虽然不提倡孩子在学习过程中死记硬背，但是想要让孩子对所学知识充分消化吸收，留心将知识要点、考试的考点记住是必需的。记忆力是一个人学习过程中不可或缺的重要能力。如果我们不强迫孩子对所学知识死记硬背，他的记忆力又要如何培养呢？事实上，通过注意力来强化记忆力，是一种非常科学并且高效率的方法。人的能力是要靠长期锻炼才能有所提高的。尽管每个人都有与生俱来的天赋，不过这种天赋更需要后天的积极开发。注意力事实上就是对人潜能的有效激发。孩子在专心做事情的时候，大脑的记忆能力被充分激发和锻炼。或者可以这样认为，孩子良好的记忆力是由注意力衍生出来的，并随着注意力的加强而不断被强化。如果家长想要让孩子记住更多知识要点，就要从注意力入手，让孩子专心、用心地去记忆。

3

注意力好的孩子学习效率往往很高。家长可能也有过这样的经历，当你专心做一件事情的时候，仿佛整个人变得与世隔绝起来，没有任何杂念，向着目标前进。目标达成后，你会发现自己只用了很短的时间便完成了既定任务。这就是注意力对一个人效率的影响。我们希望孩子能好好学习，但学习这个过程有长有短，前方考试时间是既定的，那么就要想方设法提高孩子单位时间的学习效率。这样在同样的学习过程中，孩子做的学习有用功便是最多的。想要让孩子拥有这样的理想学习状态，让他保持良好的注意力非常必要。孩子也只有在学习道路上专心致志，才能令自己的青春年华最大限度地绽放出光彩。

第二章 Chapter 2

不比聪明比努力

- 小聪明最靠不住
- 我都用上“洪荒之力”了
- 努力不是喊口号
- 懒惰是种病，想治就能好
- 向“难题”提出挑战
- 世上最怕“认真”二字
- 肯努力，更要会休息
- 从根源入手，给学习加把劲儿
- 巧用学习“能力阶梯”

小聪明最靠不住

①
神器啊，必须买下来！
全息式扫描投影复印机

②
大辉，你的作业借我看一下。
好吧，给你。

③
哈哈，有了这件神器和大辉，我就是“无敌学习王”！

④
小川，你为什么不交作业？大辉，你怎么写了两份作业！
我竟然忘了，连大辉的名字都复印上去了。

学习必须脚踏实地，认真预习和复习，按时完成老师布置的作业，尽最大努力备战考试。有些孩子虽然头脑聪明，但是却没有把聪明用对地方，懒得动脑筋写作业，就借来其他同学的作业抄写，老师让读三遍课文后家长签字，孩子却一遍都不读，而把心思和时间都用在模仿家长签字上了。孩子平时爱在学习上耍小聪明，不好好学习，胆子越来越大，很可能发展成考试作弊，在考场上东张西望抄别人的答案，或者自己准备纸条等小抄。殊不知这些小聪明虽然能够让孩子一时达到目的，但不学无术、学无所成，影响到的可能就会是孩子的一生。我们必须让孩子明白，小聪明是靠不住的，只有努力学习，扎扎实实的打好基础，才可以真正让自己实现梦想。

1

坚持努力，养成每日学习的好习惯。从某种程度上讲，努力学习是一种执着的坚持。家长一定要让孩子形成每日学习、每日勤练习的好习惯。珍惜时间，一天都不可以荒废，天天有规律地拿起书本翻看、记忆，做相关习题。这样长期坚持下来，孩子的努力必然会收获丰硕的成果。与一时的小进步、小收获相比，每天都很努力，可以令孩子看到其真正的意义。

2

坚定自我，不受他人的不良影响。家庭教育要以德育为先，家长帮助孩子并通过示范使其建立正确的是非观念。在“对”与“错”面前，家长务必严以相待，给孩子设定明确的对错标准。孩子犯错了，就要受到严厉的处罚，为自己的错误承担责任；孩子做对了，要对其进行恰如其分的赞扬，让孩子感受到因做对事情而应受到的肯定。家长千万不可以过分迁就孩子，只有这样，孩子才会在内心深处拥有坚定的自我，当面对他人的不良影响时，能够知道自己应该怎么做，而不是一味地跟风从众，进而让自己深陷泥淖。

3

目光放长远，为了梦想而学习。一个志存高远的人，势必知道踏踏实实努力会给自己带来更加长远的益处。只有那些每天无所事事，甚至是混日子的人，才会想要耍小聪明应付差事。家长如果想让孩子的学习成绩从根本上得到提高，就要将他培养成为一个有梦想的人，让他为了自己的梦想去学习。除了课本知识，家长还要为孩子提供方方面面的信息，让他尽早发现自己的梦想，并且通过阅读相关人物传记等，坚信梦想通过努力可以实现。这时学习就不会是每天混日子，耍小聪明，而是积极向上，精力充沛地迎接挑战。

我都用上“洪荒之力”了

时下很流行一个词叫作“洪荒之力”。相传当世界由混沌变成天地的时候，经历了一场毁灭世界的大洪水。“洪荒之力”就是用来形容这种大洪水的毁灭力量。它的力量之大，恐怕在这个世界上没有什么能够与之相比。不过，“洪荒之力”终究是一种已经定格的强大力量，努力的力量却与之完全不同。即便是努力，最初力量微小，但如果长期保持努力的状态，这种力量经过长时间的集聚，恐怕终有一天会超过洪荒之力。这是因为，努力是一个积累的过程，是不断发展着的。

孩子对你说我都用上“洪荒之力”学习了。说明他觉得自己已经尽力了，可如果学习效果还是不理想，就说明其中存在问题。从行为的角度来看，这些问题的主要原因就是孩子所谓的“洪荒之力”用错了方法，用错了地方。毕竟对于孩子来说，努力很抽象，我们对努力的认识也往往停留在主观方面，这就造成了家长与孩子之间的矛盾。孩子觉得自己已经很努力了，家长则认为孩子不够努力。

究竟如何将孩子的努力具体化？我们可以采用定量评估的办法，家长与孩子共同制定出相应时间段的努力目标。将孩子的整个学期分成不同的时间段，然后再对时间段进行细分，最好能够具体到每天孩子要干多少事情，完成多少学习任务。当然这还要与学校安排的考试时间和内容相配合，才能达到最好的效果。家长要最大限度地对孩子的努力进行量化，这样也便于孩子在现实生活中很好地进行学习实践。同时家长要根据孩子的努力效果，对不同时间段的目标进行调整，使之成为最适合孩子的学习计划。千万不可以刻板地行动，尤其是在孩子的学习能力有所提高，或者老师的教学内容发生变化时。切记不要用聪明与否来对孩子的努力成果做评价。家长必须就事论事，对孩子某个具体的努力成果给予肯定，不够努力的地方诚恳指出。

利用节假日多带孩子外出旅游，开阔视野。如果你希望孩子日后可以考上国内或者国际知名学府，也可以提前带他到那里参观。当孩子被诸如清华、北大、哈佛、剑桥等知名学府的学术氛围所感染，也会对激发其学习动力有所帮助。即便是孩子对未来的憧憬就现在而言很遥远。例如孩子想要以后登上月球，那么家长就要多带孩子去看与航天、航空有关的展览等，令孩子对未来的憧憬变得更加具体，让他意识到，通过不断努力，自己的梦想是可以实现的。有了对未来的憧憬，通常孩子便不会再拿“已经尽力”当借口，相反会希望通过付出更多努力，让自己所憧憬的未来早日实现。

努力不是喊口号

家长对孩子说你要努力学习，并且对孩子讲了努力的重要性，孩子也向家长保证，会努力学习，但是在现实生活中，家长发现孩子还是像往常一样贪玩，并没有真正从行为上体现出努力，学习成绩自然也没有太多改善。“努力”变成了一句口号，孩子和家长都将这句口号喊得激情澎湃，但实际上做得并不好。如果努力学习只是停留在说说而已的层面，这是说空话，甚至是说大话。家长必须引导孩子从行为上做出改变，而不仅仅是把努力挂在嘴边。

1

给孩子具体的行为指导。孩子因为相关经验较少，所以通常主观上想要努力，但却不知道要如何在行为上体现出来。这个时候就需要家长及时伸出援手，帮助孩子，甚至告诉他应当要怎么做。事实上每门学科的学习都有一定的方法，尤其是课本知识。例如有的孩子数学成绩较差，那么家长就要让他先将数学课本上的公式、定理记牢，然后完成课后练习和老师布置的作业，接下来做一些强化练习题，尤其是那些不会解答的同类型题目，要多练习。通过这样一些训练，孩子建立了一定的数学解题思维后，数学成绩便能够逐步提升。

2

制定规则，约束孩子的行为。孩子声称自己要努力，那么家长就要趁热打铁，与他“约法三章”。例如家长与孩子商议好固定的学习时间段，设定相应的学习任务，同时严格限制玩耍时间，仔细甄选游戏项目。做这一切的目的都是为孩子努力学习创造条件，以便孩子真正能够说到做到。毕竟长久持续性的学习需要有很好的自我约束能力，但这对于大多数孩子来说，其实是比较困难的。家长要想办法帮助孩子将自己的学习目标坚持下去，不放弃，一天比一天更努力，直到孩子达成了目标。亲眼见证了努力的成效，这个时候孩子收获的不仅是优异的学习成绩，还有对一件事情的持之以恒。

3

加强孩子的自我管理。家长可以为孩子提供帮助，但绝对不能包办代替，否则就会演变成家长拼命努力，孩子拼命偷懒了。家长要清楚地意识到，你的职责是引导和监督，最终让孩子达到自我管理的最佳状态。通过持之以恒的努力学习，让孩子形成良好的学习习惯，找到适合自己的学习方法，最终不用家长督促，孩子便能够自觉地努力学习。这也是一个人心智逐渐走向成熟后最佳的学习状态。

懒惰是种病，想治就能好

孩子学习成绩不理想，很多时候不是自己不够聪明，而是因为懒惰导致学业荒废。毕竟学习要循序渐进，并且要经历漫长的由量变到质变的积累，这个过程本身相对枯燥。比起轻松、有趣、相对简单的游戏项目，如果孩子没有意识到学习的重要性，在学习面前便很容易偷懒，陷入懒惰这种消极被动的学习状态，难以脱身。长此以往，懒惰根深蒂固，孩子会对学习产生应付心态。每天上课总想混日子，课后作业草草了事，学习成绩自然不会有任何提高，还很可能一落千丈。

家长一发现孩子对学习有些漠不关心了，或者作业不能按时完成，上学经常迟到等，就要提高警惕。对这种情况最行之有效的方法就是帮助孩子制定学习计划，并监督孩子按时完成。千万不要好高骛远，试图把孩子因为懒惰落下的功课在短时间内全部补上。这样很可能适得其反，令孩子感到压力倍增，产

生厌倦等抵触情绪，更加想要偷懒。家长必须从孩子的实际情况出发，如果一个目标对孩子而言难以完成，就将这个目标细分成更小的目标，逐步完成。这其中需要注意的是，切忌拿自己的孩子与其他孩子作比较，用刻薄的语言讽刺挖苦孩子。家长要鼓励孩子去积极完成力所能及的事情，把能做的事情做好，建立成就感，这样才有助于孩子克服懒惰。当孩子发现只要自己勤奋一些，就能比原先偷懒的时候获得更多关注与赞扬，甚至是更为直观的考试成绩的提高，那么便会主动摆脱懒惰状态，更加积极地去学习。孩子如果能够在与懒惰的战斗中变被动为主动，那么成效便会显而易见。

懒惰，预防大于治疗，家长要留心孩子的动向，对懒惰做到防患于未然。无论工作多么忙碌，手头事务如何多，家长都应对孩子的学习生活保持足够关心。尽量多抽出时间陪孩子，利用节假日，带孩子到处走走，开阔视野，这样既能够让孩子增长见识，又能让孩子“动”起来，逐渐改变懒惰的坏习惯。家长还可以支持孩子对自己的人生做些规划，即便那些理想显得稚嫩，但只要人生有方向，懒惰往往很难乘虚而入。孩子将勤奋形成习惯，成为一个习惯了勤奋做事的人，懒惰便会消失在无形中。

向“难题”提出挑战

语文课文就是背不下来，数学有道应用题怎么也解不了，英语口语发音不标准……孩子在努力学习时遇到了困难，该怎么办？有的孩子选择了放弃，听之任之；有的孩子选择去询问老师或者是同学；有的孩子则坚定执着地尝试自己想办法克服困难。显然第一类孩子的做法，我们不提倡，那如同掩耳盗铃，自欺欺人，困难摆在那里没有解决，早晚会成为大问题。第二类孩子知道向他人求助，值得称赞，但如果每次遇到问题都去询问他人，难免会给身边的老师和同学增添麻烦，孩子也会产生较强的依赖性，自身缺乏学习的独立性。第三类孩子，虽然看上去有点倔强和辛苦，但就是在这样的想方设法克服困难的过程中，形成了独立学习的能力，可以说是学习中的勇者，有执着的精神，不达目的誓不罢休。那么对第三类孩子而言，家长应当如何提供帮助呢？

1

为孩子提供克服困难的工具。孩子想要尝试独立解决学习中遇到的难题，家长可以为他提供诸如工具书、练习册、教学参考书等工具。必要的情况下，还可以让孩子上网查询解决问题的方法。家长不要对孩子的学习思路多加干预，而要想方设法拓宽孩子的思路，给他信息和技术方面的支持，让孩子从这些资源中寻找到自己的答案。对孩子在学习上的执着，家长不要说泄气的话，无论你有多么心疼孩子，都要忍住，让他执着地去完成相应的学习任务。

2

给孩子克服困难提出建议。毕竟孩子的人生阅历有限，学习时遇到一些问题时确实不知道该怎么办。这时家长可以根据自己以往的经验，给孩子提出建议。需要注意的是，家长不要把自己的建议强加给孩子，而要将选择的自主权交给孩子。孩子可以选择接受父母的建议，也可以选择拒绝，然后自己去想办法解决问题，得出答案。另外，家长不要频繁地给孩子提建议，这只会引起孩子的反感。家长的建议必须点到为止，多数时候还是要让孩子自己去尝试和探索。

3

与孩子共同欢呼。当孩子真正把题目解答出来了，虽然花了很长时间，家长也应当与孩子共同欢呼庆祝。不要孩子满脸喜悦地对你说他成功了，你却冷静地为孩子一一列举他在这个过程中的得失。这个时候，家长不需要理性，而是需要非常感性地对孩子说“祝贺你，执着让你获得了成功”。一个人能把一件事情坚持下来，实属不易。孩子如果决定坚持，家长就应当支持他，让他去尝试和探索，然后在孩子好不容易取得成功后与他拥抱欢呼，就算是痛哭流涕也不过分。

世上最怕“认真”二字

孩子只有认真学习，才会去关注学习中的细节，做到集中注意力，不马虎。

当孩子学习特别认真，哪怕是较真的时候，家长要给予肯定和支持。这意味着孩子开始去钻研知识，他不再只是被动地接受知识输入。当孩子头脑中储备了一定的知识量后，他便会睁大双眼，去观察周围，发现生活中的知识，被兴趣指引着，认真向感兴趣的方向加以探究。认真是一种难能可贵的学习态度，孩子认真学习的时候，更会形成脚踏实地的学习方法。孩子因为认真，基础知识掌握牢固了，学习成绩也会比较稳定。

1

鼓励研究型学习。认真的孩子总是会以做研究的心态来看待学习，他们会对书本知识逐字逐句进行理解，甚至是抠字眼，不想放过任何的细枝末节。认真的孩子爱问“为什么”，同时会积极主动地借助参考资料、工具书等去寻找答案。认真的孩子通常自主学习能力比较强，而自主学习能力是创新型人才的基本功。家长在孩子的日常学习生活中就要不时灌输认真的理念，身体力行，与孩子一起去追求知识的细节，去研究课本上的知识以及相关学习方法。家长不要做百事通，而应当与孩子站在平行的位置，一起脚踏实地、认认真真地寻找问题的答案。

2

学习就是要有“钉子精神”。孩子有时间要好好学习，没时间更要挤出时间好好学习。对于知识点的记忆和应用也是一样，即便是孩子现在已经将其掌握得很好，也不可以满足于现状，而是要更多地去钻研和学习。认真的人往往在学习上对自己有更加严格的要求，不会因为一时考出了好成绩，就放松懈怠。家长要引导孩子形成这种稳固的内驱力，让孩子变得积极上进。值得注意的是，家长自己不要对孩子有过多要求，那样只会引起逆反。这个时候一个明智的方法是通过榜样的力量，运用孩子偶像的影响力来鼓励他。可以用时下在青少年群体中很流行的“TFBOYS”（著名偶像团体组合，由三名 90 后少年组成）来激励孩子，这个组合的年轻人虽然忙于演艺事业，但也都在认真地学习。

3

衡量无用功与有用功。孩子一旦对学习认真起来，往往会比较勤奋，做很多功课。可是这些功课中，有些对于整体的学习目标而言是有用功，有些则属于无用功。家长要帮助孩子衡量好有用功与无用功，以免孩子在无用功上浪费太多时间和精力，导致成就感缺失。当家长发现孩子所做的功课事实上对于完成学习目标没有太大帮助时，不要直接否定它，而要给孩子更好的建议，给他指明另一条路径，这样孩子自己就会去做比较，进而走在正确的道路上。

肯努力，更要会休息

想要孩子考试取得好成绩，平时学习就一定注意劳逸结合。因为孩子通常休息好了，学习时注意力就会比较集中，记忆力也往往很好。当然更重要的是，身体才会健康，健康的体魄是考出好成绩的有力保障。以下提供四种行之有效的休息方法，家长可以根据实际情况，找到适合孩子的方法。

1

时间段休息法。在孩子专心学习前，为他留出较长时间休息，然后在学习过程中，根据学习量安排休息时间。孩子每完成一部分的学习任务，就可以停下来休息一下。完成的学习任务量越大，那么休息时间也应当相应延长。这样从时间上保证了孩子的大脑能够得到充分休息，学习效率往往也会更高。通常孩子要保证一天 10 小时的睡眠时间，每学习半小时到 45 分钟，就要休息 10 分钟左右。

2

需求休息法。每个孩子的身体、情绪等各方面都存在差异，家长要根据孩子的需求适当安排休息。例如有的孩子感冒了，太长时间的学习会让大脑和身体都觉得疲劳，这个时候就要根据孩子的需求，缩短学习时间，多安排几次休息，并且每次休息的时间都稍微延长一些。还有的孩子集中注意力的时间都比较短，那么就要将休息与学习时间多次穿插，可适当强制要求孩子在规定的时间段内专心学习，但为了保证学习效果，在他实在坐不住的时候安排他休息。

3

音乐休息法。这种休息方法尤其适合孩子的考试复习。当孩子感到学习累了的时候，可以暂停学习，家长为他放一段舒缓的音乐，孩子闭目养神，身心放松，从而达到最佳休息效果。有的孩子在临考前会遇到失眠的问题，临睡前放音乐也是个好办法，有助于孩子整晚睡个好觉。不过注意不要在孩子学习过程中为他放音乐，即便是没有任何歌词的古典音乐也最好不要。任何声音都会对孩子的学习造成干扰，因此还是为孩子提供安静的学习环境比较好。

4

运动休息法。孩子学累了，绕着操场跑一圈，身体大汗淋漓后，头脑反而得到了放松，这个时候去学习，效率往往会特别高。还可以在清晨坚持晨跑，然后开始一天的学习生活。这样孩子的身体既得到了锻炼，学习效率也因专注而提高。不过家长要注意提醒孩子，运动不可过量，否则身体容易疲惫，还会造成大脑过度兴奋，反而对学习产生不良影响。

从根源入手，给学习加把劲儿

孩子总是会在努力学习过程中遇到很多问题。因为这些问题的存在，所以作业和考卷上才会有错误。如果家长只是紧紧盯着孩子的具体错误不放，其实就是大错特错。家长应当做的是帮助孩子找到错误背后的根源，从根源入手，采用恰当的方法，避免相同和相似的错误再犯，这样孩子为学习付出的努力才会变得卓有成效。

1

区分易混淆的知识点。笔顺相似的汉字，发音相同的英语单词等，孩子往往容易混淆。多数时候，孩子在学习上出错是因为将相似的知识点弄混了。这时家长可以和孩子一起将易混淆的知识点罗列出来，讨论一下究竟是哪里最相似，最相似的地方往往就是最容易出错的地方。为了让孩子对易混淆的知识点有直观印象，家长可以联系生活实际或者为孩子画出示意图等。当孩子头脑中建立了直观的印象，再遇到相似的知识点，与之有联系的图形、图像就会从头脑中蹦出来，这样孩子在记忆知识点上也会特别轻松。

2

激活孩子记忆的不敏感点。孩子日常生活不是很熟悉的知识，通常很难在他们头脑中留下深刻印象。这些记忆中的不敏感点，往往会成为孩子考试复习时的漏洞，直接对学习成绩产生影响，令孩子的很多努力显得苍白无力。这时家长应当与孩子一起认真分析试卷，帮孩子找到他认为很难理解和记忆的知识点。通过联系日常生活实际，家长利用节假日多带孩子外出游览，积极参加学校以及社会上的公益机构组织的各类课余活动等，让孩子的记忆不敏感点有效激活，让孩子的努力都见成效。

3

强化孩子的逻辑思维能力。小到具体的解题步骤，大到孩子所学的整个知识体系框架，事实上都存在逻辑关系。很多孩子努力学习了半天，考试依旧考不好，其中主要的根源问题在于逻辑思维能力不强。孩子学会了解答一道题目，可是遇到相似题目时，解答起来却非常困难，不善于举一反三，不能将知识点很好的联系在一起。家长平时在家庭教育的过程中，就要注意强化孩子的逻辑思维能力。哪怕是一首唐诗，其中往往存在很强的逻辑性。在孩子对唐诗非常感兴趣的时候，家长和孩子一起进行逻辑分析强化训练，同时联系整个学科，以及其他学科做更多逻辑思考，这对于提高孩子的学习非常有帮助。经过这样的训练，孩子每天的学习，就变得更加系统化，进而能够将整个知识体系有效掌握。

巧用学习“能力阶梯”

人的能力会随着他的不断努力而增强。从某种程度上讲，学习就是一个循序渐

进的过程。家长督促孩子，为学习付出足够多的努力。可是作为学习的主角，孩子要怎么样才能知道自己的学习效果如何，自己的学习能力究竟处于什么水平？家长可以帮助孩子运用好学习“能力阶梯”这个好方法。

1

根据老师不同阶段的教学目标制定能力评估体系。以一学期为时间基准，家长可以和孩子一起将老师每个阶段的教学目标以能力阶梯图的方式画出来。不同的教学目标之下，还有不同的教学要求，直至细化到每堂课的教学目标。

我们要求孩子努力学习，最基本的目的就是让孩子的学习能力达到每节课的教学目标。家长可以为孩子准备一些小贴纸或彩色笔，当孩子达到了相应的能力水平，就在阶梯图上做相应的标记。坚持每日评估，让孩子直观地看到自己的学习能力在不断提升。

2

从课堂、课后、考试三个维度评估孩子的学习能力。能力阶梯图制作好以后，家长要帮助孩子从课堂的学习情况，课后的作业、复习和预习情况，以及考试情况三个维度对孩子每层阶梯的学习能力加以评估。只有这样，我们对孩子的学习情况才能做到全面掌握，提升孩子的综合学习能力，让孩子真正做到为了学习而学习，而不是为了考试而学习。家长应避免做主观判断，或者只从考试来片面看待孩子的学习能力，令孩子学习自信心受挫。

3

积极向更高的能力水平迈进。我们之所以鼓励孩子运用学习“能力阶梯”这个方法，很重要的一点就是，家长和孩子都要意识到，所谓努力学习，不是说始终站在同一平面上，孩子和自己的过去相比，要像上台阶一样，逐步向更高层级发展。当上小学一年级的孩子，已经通过自身努力，将一年级的课程完全消化吸收，如果孩子有进一步学习二年级课程的愿望，家长应当给予支持。有的家长担心孩子过早学习更难的知识，会对现有知识的学习造成不良影响，这个时候可以采取试探的方法，让孩子尝试性地学习。如果孩子学得还不错，那么就继续向更高的能力水平迈进；如果孩子遇到了困难，那么就先专心解决困难，一步一个台阶，稳扎稳打。也有孩子因为胆怯止步不前，满足于现有的学习状态。假如孩子自己不主动前进的话，这个时候往往需要家长“推”孩子一把，带着孩子去尝试着学习更难的知识。当孩子对新能力阶梯的知识慢慢理解和掌握后，成就感不断建立，那么努力学习就会变得更加主动起来。

第三章 Chapter 3

再见，小马虎

- 唉，我又大意了
- 对错别字说“拜拜”
- 数学题一次性做对
- 我把这两个单词弄混了
- 检查靠自己，向全对冲刺
- 签个“告别粗心”协议

唉，我又大意了

对于孩子粗心大意犯错，作为家长，我们首先要能够客观看待，不要大呼小叫、大惊小怪。其实家长最需要警惕的是孩子经常性的粗心大意。因为粗心大意偶然发生不足为奇，但如果长期如此形成了习惯，积习难改，就会出现严重的问题。

1

防止大脑疲劳。人长时间反复地做同样一件事情，大脑就会感到疲劳，这个时候很可能会粗心大意。孩子把做作业的时间拖得太长，作业量过大，或者缺乏睡眠等，都会导致大脑疲劳，粗心大意也就在所难免。平时家长在督促孩子学习之前，不如先仔细察看一下孩子的学习状态。当孩子觉得疲惫的时候，不要让他马上写作业，而要让他先休息。通常状态好了，精力充沛，孩子也更能集中注意力学习，此时粗心大意的概率便比较小。

2

给孩子规定明确的作业量。家长对孩子说“你再学习 5 分钟才能出去玩”，不如给他规定明确的作业量，对孩子说“你把这 3 道题做对才能出去玩”。这种方法对于解决粗心大意的问题更有效。这个时候，原本被动学习的孩子仿佛看到了希望一般，学习的积极性会瞬间提升。时间是个抽象概念，你对孩子说 5 分钟，和对他说 10 分钟，事实上没有太大差别。即便是孩子已经有了时间的认知，但直观上，时间无法在孩子头脑中形成具体的印象。因而哪怕是 1 分钟，孩子也有可能在这个过程中应付差事。但凡孩子心里有了隐忍的念头，粗心大意便要露头了。不过如果你能为孩子规定出明确的作业量，这就完全不同。3 道题、5 道题、10 道题，孩子首先想到的是具体的题目，然后便是如何快速解答，把题目做对。人的潜力是无限的。有时我们发现，当你给孩子规定了合理的作业量后，他们不仅不会粗心，还能高效率地将其完成，做得又快又好。

3

多教方法而不是只讲道理。有的家长为了让孩子不再粗心大意，往往采取说教的方法，不厌其烦地跟孩子讲粗心带来的坏处，希望通过这样的方式让孩子重视自己的问题，改掉粗心大意的毛病。可现实却是，家长越是对孩子讲道理，孩子越容易粗心，同时考试的时候孩子还会特别容易紧张。所以，面对孩子的粗心大意，爱说教、爱讲道理的家长要注意的是，与其对孩子讲道理，不如将克服粗心大意的实用方法教给孩子。比如让孩子将容易粗心的题目罗列出来，在考试前用心理暗示的方法提醒自己“我能行”之类的，这样好过于你让孩子去端正态度。

对错别字说“拜拜”

写错别字是很多“小马虎”常犯的错误。汉字由于笔画较多、讲究笔画顺序，加上声调、读音等的不尽相同，因而对于部分孩子来说，学习起来并不是件容易的事情。不过好在这是我们的母语，多数孩子都处在汉语环境中，每天看到的、读到的也多数是汉字，因此耳濡目染，识字是早晚的事情。可是作为家长，还是希望自己的孩子能够比同龄孩子早些识字，赢在起跑线上，这便需要孩子和家长共同努力。家长可以与孩子一起回顾学过的汉字，对其做出总结，针对孩子容易混淆的汉字加以区分，这样写错别字这件事也就会成为过去式。

1

区分字形相似的汉字。例如“夫”与“天”、“大”与“太”、“小”与“少”等汉字，在字形上非常相似，孩子如果将其弄混了，就会写出错别字。家长和孩子一起将以往学过的汉字做筛选，找到那些字形相似的汉字，将其直观地罗列在纸上，然后讨论它们的相似之处在哪里。同时家长可以想出一些好办法，例如编顺口溜等，帮助孩子加以区分这些汉字。比如“夫”字出头“天”不出，“大”字腿上光溜溜，“太”阳腿上有个点，“小”字喜欢小拐棍，“少”字喜欢坐滑梯等。家长顺口溜编得越形象有趣，对于加深孩子的记忆就越有帮助。

2

区分读音相同或相似的汉字。有的汉字是多音字，有的则是同一读音之下有好几个汉字。孩子如果根据读音记忆汉字，便有可能将不同汉字混淆。例如“看”字，常念【kàn】，但有时也念【kān】，与“刊”字同音，如果孩子只根据读音记住了汉字，听写时就很可能会写成“看物”而不是正确的“刊物”了。因此家长可以和孩子一起将同一读音下或者读音相似的汉字归纳出来，然后用汉字组词。让孩子以单词的形式来记忆汉字，他写错别字的概率往往会大大降低。

3

为每个汉字编一个独特的故事。汉字无论是从字形还是读音，都足以编成一个有趣的故事。家长可以和孩子充分发挥想象力，以游戏的形式为汉字编故事。由于每个故事都是独一无二的，因而孩子在记忆汉字的时候也就不会出现错别字的问题。例如“迪”字，可以编一个这样的故事：星期天，“由”弟弟开着自己的小汽车出去玩，路上很堵，他很着急，就按响了喇叭，嘀嘀嘀。这样结合字形与读音编故事，孩子会觉得学习汉字非常有趣，一点都不枯燥。

4

将汉字分组，观察字形演变。家长还可以将汉字分组，为孩子罗列字形演变过程。例如“口”字变成“田”字，“田”字又可以变成“由”字和“亩”字等。这样形成一张汉字的字形演变图，孩子也会对汉字有更深刻的理解。

数学题一次性做对

数学计算最容易犯粗心大意的毛病。无论是填空、选择、判断对错，还是计算题和应用题，孩子都应当尽量一次性做对。不要试图给自己留退路，觉得反正错了还有更改的机会。要知道，数学上的错误，检查起来是非常困难的，有时候由于孩子的考试情绪比较紧张，对数学答案一改再改，却怎么都改不对。这往往还会耽误孩子的考试答题时间，严重影响考试成绩。

1

平时就养成一次性做对的习惯。家长希望孩子在考试的时候取得好成绩，平时就要帮助孩子养成良好的学习习惯，习惯成自然，即便是考试时孩子非常紧张，也能遵循潜意识指引答题。因此，我们必须让孩子明白，平时做数学题的时候就要认真解答，争取一次性做对。做题时在心中不断提醒自己，细致一点，不要粗心。仔细审题，将解题步骤详细罗列，特别是一些答题细节，例如老师多次强调的要在应用题答案后面标明单位名称等，千万不可忽略。这样经过日积月累的练习，孩子在考场上将题目一次性做对便成了再正常不过的事情。

2

不过分依赖检查。家长千万不可以让孩子有这样的想法，觉得反正还可以检查错误、修改答案，就直接不管不顾地快速把数学题目做完。有的孩子为了求速度，甚至采用蒙答案的办法，在短时间内完成了学习任务。可是仔细检查后发现错误连篇，更为麻烦的是，有些错误未必能够检查出来，这就给自己增加了负担。检查其实只是做好数学题目的一种辅助手段，起到查漏补缺的作用。但如果孩子过分依赖检查，做题时很有可能会犯更多错误，检查也难以有效纠正。最后完成的作业，不是答案漏洞百出，就是留有无数修改痕迹的页面，看上去又脏又乱。这样子的答案，如果是在考试时候出现，很难给判卷老师留下好印象，孩子很难得到高分。

3

与同学合作组成纠错小组。两位或者多位同学合作，大家同时开始解答数学题，在规定的时间内完成后，彼此交换答案，根据正确答案评分，并对他人解题的错误加以纠正。通过这种类似竞争的形式，让孩子全力以赴答题，争取一次性做对，尽量减少粗心。由他人为自己检查，自己则去检查他人的答案，这也在无形中强化了所有孩子关于解题步骤和答案的记忆。由于没有老师和家长的参与，完全是在孩子之间进行，所以孩子们没有太多压力，彼此也能相互理解，发现错误后及时指出，大家通力合作提高数学解题的正确率。

我把这两个单词弄混了 

孩子学习英语时，常会因为粗心将单词弄混。有的单词发音相近，有的单词则拼写相似，孩子如果不加以区分，便很可能在写作业和考试中出错。家长说孩子经常粗心大意，可有时孩子自己却很迷惑，不知道自己究竟是哪里粗心。就英语而言，将单词的语音、语义弄混，往往是很多孩子最常出现的问题，家长必须为孩子具体指明问题，然后再有针对性加以解决，进而消灭粗心。

1

巧妙运用联想法。找一个常见的英语单词，家长和孩子一起联想，比赛看谁联想到的单词最多。通过联想的形式，将容易混淆的英语单词罗列出来。这样的学习既有趣，又可以帮助孩子轻松克服粗心。除了联想单词之外，家长还可以引导孩子用联想到的英语单词造句，这样孩子在单词应用方面也会有所提高。如果孩子能够熟练掌握单词造句，也就不会将两个单词弄混了。

2

在英语词典上做标注。大多数英语词典都是按照 26 个字母的顺序排列单词的。家长和孩子不妨每天研究一个字母，首先在字母内找相似的单词，然后再在字母间找相似的单词。家长为孩子准备一些彩笔，或者是便利贴，用来对相似字母做标注。随着一本英语词典逐步被孩子和家长研究透彻，孩子不仅粗心的毛病得到根治，词汇量也能大大增加。当然最重要的是，成就感令孩子学习英语充满动力和乐趣。

3

课外阅读英文绘本。英文绘本内容生动有趣，孩子看过以后会留下深刻印象。家长可以从简单到难，引导孩子阅读。例如苏斯博士的经典英文绘本《去太阳城真是好麻烦》就很适合粗心大意的孩子，有的绘本，还根据孩子的英语水平，进行了分级。这些分级绘本，尤其是初中级的绘本，往往就是针对易混淆的词汇和常用句型创作的。家长和孩子一起阅读英文绘本故事，英文水平不仅能够得到提高，还能融洽亲子关系。图文并茂的英文绘本远比传统英语阅读更加生动有趣，也更加有利于孩子的理解和记忆。

英语学习过程中，克服粗心的方法很多，核心就是对于语言的常说、常听、常用。当英语语境在孩子周围建立起来以后，孩子在日常生活中可以经常接触到英语。随着对英语的运用逐步熟练，易混淆的单词甚至是句子变得更加形象化，粗心大意的问题便也随之被解决了。

检查靠自己，向全对冲刺

①
耶，我把作业都写完了！
你认真检查过了吗？

②
还需要检查？
当然，这样才能保证你全对。

③
可是爸爸，我不会检查，你帮我检查好不好？
行，但是如果我检查出了错误，就要你好看！

④
那还是我自己来检查吧。
早就该这样。

孩子如果能形成做完题目后自己细心检查的好习惯，就可以在写作业和考试时纠正因为粗心犯下的错误。在学习的过程中进行自我检查，做自己的小老师，事实上对孩子进行自主学习也非常有帮助。有的孩子甚至通过检查，发现问题，改正错误，后期还可以自己出试卷，预测考试题目。孩子对于老师和家长的依赖将变得不再那么强烈，一个人的自学能力，就这样形成了。

1

“地毯式”检查。即让孩子对做过的题目逐一进行检查，从而找到错误的地方，并加以修改。采用这种检查方式，需要孩子事先确认时间，只有在时间充足的情况下才适用。“地毯式”检查优点在于检查范围包含了所有题目，对于因粗心做错的题目能够逐一的排查。当然在这个过程中，要求孩子有足够的耐心，不急不躁，以积极发现错误的态度找到问题所在，将马虎大意消灭掉。

2

将题目快速再做一遍也是检查。这种检查方法与“地毯式”检查的区别在于，前者完全不管之前得出的答案，孩子如同失忆般只是将全部题目重新做一遍，得出答案后与之前的答案加以对比检查，如果遇到不同答案，再把题目重解一遍，最终得出正确答案。“地毯式”检查主要立足于题目和答案的关系，以答案为参考来检查题目，并适当对解题步骤和错误的答案进行调整。由于事先已经做过一遍题目，因此第二次做就容易许多，时间上也往往比较短。相比于“地毯式”检查，这种快速再做一遍题目的检查往往效率更高，也更容易找到因粗心造成的问题，不过这两种检查都需要有一定的时间作为保证。

3

正向做题，反向检查。这种检查方法尤其适合数学题目。做题的时候，孩子根据题目思路来解题。检查的时候，从答案出发，将其代入计算公式中，得出相应答案，与已知条件加以对比，从而判断自己做出的答案是否正确。这种检查方式准确率很高，因为反向检查的思路与原本的解题思路是两条不同的路径，因而但凡有粗心大意的问题，往往很容易被孩子发现并且及时解决。

4

容易出错的地方重点检查。家长要帮助孩子找到他学习过程中的薄弱环节，方便孩子有针对性地进行检查。如果应用题是孩子的薄弱环节，那么检查时就要着重对应用题多检查几遍；如果孩子总是将英语句型弄错，那么检查时就在句型题目上多下功夫。这种检查方式适合在“地毯式”检查之后进行，或者考试时间不够了，孩子还没有进行检查，那么就可以考虑放弃“地毯式”检查，只做重点检查，这样做优于孩子对题目完全不检查。

签个“告别粗心”协议

家长与其每天千叮咛万嘱咐孩子不要粗心，不如真正采取行动，与孩子签订“告别粗心”协议。孩子因为“告别粗心”协议的签订，关于粗心这件事的记忆被强化，再加上想到协议上的奖惩措施，孩子自己就会更加小心，避免因为犯了粗心的错误而受到惩罚。同时希望通过严格要求自己，积极行动起来加以改进，获得相应的奖励。

1

明确协议签订的时间。我们做任何事都需要有一个时限，家长引导孩子改掉粗心大意的毛病也是如此。通常形成一种习惯需要 21 天的时间，因此可以 21 天为基点，或者以 21 天的整数倍为时间段，与孩子签订“告别粗心”协议。列出一张表格，对孩子每天是否达到了协议上规定的要求做记录。这样家长和孩子都可以直观地看到计划的进行情况，并且对行为进行调整。

2

对孩子的要求落实到具体的行为上。协议要有具体的规定上，切忌过于空泛。说大话、喊口号，都会令“告别粗心”协议形同虚设。家长在拟定协议内容时，就要将要求落实到孩子的具体行为上，便于执行。比如与其在协议上写“我保证再也不粗心了”，不如写“我保证做数学计算题时检查三遍再交作业”，这样家长和孩子都知道该怎么做。协议越细化越好，哪怕只是孩子日常生活中某个像是“我能记住数字‘4’像帆船迎风飘”这样的小细节，都要尽可能将其归纳总结，以文字的形式写出来。与此同时，随着孩子新的粗心问题的出现，协议的部分细节还要做相应添加，或者家长与孩子协商，再制订一份“补充协议”。

3

奖惩必须得当。对于改掉粗心的毛病这件事，孩子通过努力达成了目标要求，理应得到奖励。但如果孩子依旧不把粗心当回事，依旧是老样子，那么对其进行惩罚，进而让孩子意识到事情的严重性则非常有必要。不过家长需要注意，必须把握好奖惩的度。奖励不能过大，特别是物质奖励一定要适度。例如孩子只是纠正了写错别字的问题，家长就奖励孩子出国旅游，或者买很昂贵的苹果手机，只会把孩子惯坏。这个时候，为孩子亲手做一顿丰盛的晚餐，陪孩子多看一会儿卡通片，都能让他直接感受到你的爱，这远比物质奖励对于孩子的成长更加有帮助。惩罚也是这个道理。因为孩子粗心，就扣除孩子的零用钱，或者不让他周末和好朋友一起出去玩等措施，都不合适。不如缩短孩子玩游戏时间或是暂时收走他最爱的玩具，这样的惩罚方式不会伤害孩子的自尊心，而且能够立刻让孩子认识到粗心是需要付出代价的，那么他就会自然而然地马上行动起来，改掉粗心的坏毛病。

第四章 Chapter 4

学习其实没有那么难

- 准备一本“错题集”
- 问一百万个“为什么”
- 善于总结，不做“熊瞎子”
- 学习成绩双保险——复习＋预习
- “过电影”回忆法
- 从现实生活中寻找答案
- 自然拼读学起来
- 神奇的珠心算
- 一看就会的图表学习法
- 在头脑中建立一个知识模型
- 写作文一点都不难

准备一本“错题集”

将孩子做错的题目加以罗列，以“错题集”的形式转变成文字。孩子会觉得很有趣，同时这些写错的题目，还会在孩子头脑中形成深刻印象。当孩子将原本出错的题目做对了之后，就可以将“错题集”更新。孩子发现自己做对的题目越来越多，“错题集”上的题目越来越少时，会非常高兴，学习起来也更加动力十足。

1

“错题集”最好做到明确分类。不同学科要建立不同的错题集，同时每个学科还要对错题加以细分，例如易混淆的错题、孩子经常犯的错误等。切忌将所有错题只是简单罗列在“错题集”中，文字表达上过于混乱，事实上也无益于孩子纠正错误，有时孩子还会因为这样的混乱，出现错上加错的现象。家长也可以为孩子准备一些不同颜色的笔，不同种类的错题分别用不同颜色书写，制作一本彩色“错题集”。这样做能让孩子觉得非常有趣，愿意坚持收集错题，同时也能够引发孩子对错题的更多关注。

2

错题后面要标明正确答案。虽说是“错题集”，但其目的还是要让孩子将题目做对。因而罗列错题的同时，要把正确答案也一并做标注。最好详细写出解题思路，以及如何不犯同样的错误。千万不可以只是让孩子对错题照搬照抄，应付差事，甚至连错误答案都原封不动的写上去。这样“错题集”就会流于形式，形同虚设。我们之所以要在这些错题上下功夫，就是要让孩子总结出犯错误的原因，并且找到不再犯错误的办法。孩子哪怕只是记住正确答案，也好过于将错就错。

3

每周考核评估“错题集”。错题集上的题目，孩子有哪些不会再做错，有哪些还是容易出错，家长要根据孩子的实际情况，以周为时间节点，对“错题集”进行考核评估。还可以针对相应的错题，为孩子出一张试卷，通过这样的形式，对错题加以筛选，然后有针对性的进行错题强化训练。让孩子对于那些经常出现的差错，再多做一些练习。孩子是灵活的个体，他的现实情况随时都有可能发生变化。有时一道错题，可能孩子将其往“错题集”上一罗列，就已经知道该如何把它做对，但是随着时间的推移，孩子会对某些错误产生遗忘。因而这种考核评估的方法也有助于孩子建立长效记忆，真正做到同样的错误不再犯。

4

保证及时更新。旧的错误被消灭，新的错误随时都有可能发生，我们要求“错题集”必须是能够动态更新的。采用重新抄写的方式来更新“错题集”，这样也能令孩子加深记忆，而不是只将不再犯的错误简单划去。家长还可以利用软件和手机 APP，通过程序模板，建立数码“错题集”。

问一百万个“为什么”

思考贯穿于学习的整个过程中，“为什么”恰恰能引发思考。有些孩子觉得学习困难，往往是因为仅停留在对知识的死记硬背上，没有通过问“为什么”深入思考，达到融会贯通。即便是非常简单的问题，多问几个“为什么”，也有助于孩子将知识点理解得更加透彻。难能可贵的是，当孩子在学习过程中主动问“为什么”，往往意味着他们开始变得积极自主。孩子以问“为什么”的形式主动接受知识，主动思考，主动将知识加以运用。

1

家长要引导孩子敢于提问。鼓励孩子带着“为什么”进行课前预习，课堂上有不懂的问题积极举手提问，课后多问几个“为什么”，并尝试自己解决问题。即便是最开始的时候，孩子的问题稍显幼稚，家长也应当给予鼓励，而不应该表现得不耐烦。家长最为重要的是，要想方设法提高孩子问“为什么”的积极性，适当采取奖励贴纸、计分等形式，让孩子看到自己积极提问后的进步。

2

让孩子意识到经过深思熟虑提出的“为什么”更有意义。当孩子问“为什么”的积极性被充分调动，他很可能会觉得非常有趣。可是在孩子的无数个“为什么”中，有些是随口说说，甚至没有经过大脑思考就脱口而出的，这些提问往往对学习知识没有太多价值。家长可以通过做示范，让孩子明白如何高效提问，同时家长也可以跟孩子聊聊提问和对他人尊重的重要性。我们一方面要多问几个“为什么”，另一方面还要学会尊重别人。家长需要帮助孩子对“为什么”进行筛选，认真选择那些对自己而言真正困惑的问题进行提问，不浪费彼此时间，对人对己都是尊重。

3

家长帮助孩子养成问“为什么”的学习习惯。家长鼓励孩子问“为什么”，当孩子从提问中获得了成就感，发现这样的学习方法真的有助于自己理解知识点，甚至考试成绩都因此获得提升，孩子便自然而然会爱上问“为什么”。那么当孩子在问“为什么”的过程中受挫怎么办？比如老师没有重视孩子的提问，又或者孩子的提问受到其他同学的嘲笑。家长可以向孩子解释，从老师的角度来看也许有比这个问题更重要的问题有待解决；从同学的角度来看，也许他已经解决了这个问题。同时家长可以解答孩子提出的“为什么”，甚至引导孩子自己思考出问题的答案。切忌孩子提问受挫时，家长就杜绝孩子问“为什么”。正确的做法是，家长要让孩子明白，一种提问方式行不通，就换另外一种。即便是所有人都不愿或者回答不出你的“为什么”，最明智的做法是自己去找到问题的答案。家长要支持孩子将问“为什么”的学习方式坚持下去，依靠时间的力量形成习惯，这样才能使其真正找到适合自己的学习方法，形成稳定的学习能力。

孩子问一百万个“为什么”，家长也不要嫌多。家长甚至可以和孩子比赛问“为什么”。当你发现孩子很少提问的时候，选择一些较为简单、比较容易回答的问题，主动问孩子“为什么”。家长和孩子在一起学习的过程中多提问，家长身体力行多问“为什么”，孩子也往往能更多地从家长身上学到提问的技巧。更重要的是，孩子在提问受挫时，想到自己的爸爸妈妈依旧在坚持问“为什么”，便可以更加理直气壮地坚持，不轻言放弃。

善于总结，不做“熊瞎子”

归纳和总结是很好的学习方法，也是孩子考试获得高分的有力保障。不善于总结的孩子，如同“熊瞎子”，学一样，忘一样，表面上看是在非常认真地学习，实际上没有对知识很好地理解，更谈不上消化、吸收和融会贯通，因而将知识混淆、不同知识无序嫁接，便成了必然。可见家长帮助孩子学会总结是很有必要。孩子越早学会总结，对于培养良好的学习习惯和形成适合自己的学习方法促进作用就越大。具体来讲，总结应主要在以下三个方面下功夫：

1

总结关键字。在电脑的搜索引擎键入关键字，就可以查阅相关信息。同理，如果孩子将各门知识的关键字熟练记忆，考试时只要看到相应的关键字，就可以将与之相关的知识点做引申。况且人脑比电脑要聪明灵活许多，一个关键字引申出来的有时甚至是该门学科的整个知识体系。平时孩子在对知识进行总结时，一定要注意寻找关键字，必要的情况下，还可以将多个关键字集合在一起，形成关键的句子。例如孩子在背诵古诗《悯农》时，可以将每行诗的大意以关键字的形式总结出来，随后连词成句，或者更简单一点，把每行诗的开头记住，连在一起，即“锄禾汗滴谁知粒粒”。记住总结出来的这句话，也往往把整首古诗记住了。

2

让孩子自己学会划重点。课本上的知识，有很多重点。什么是重点？老师在黑板上写成板书的知识点，往往就是重点。还有每篇课文开头的文字，每个段落第一句或者最后一句话，数学课本中的定理、公式，也往往是重点。总结就是要将这些重点找到，加以系统的罗列，进而强化记忆。老师和家长帮助孩子画重点固然好，但如果孩子能够自己找到每节课的重点，对每部分知识自己画出重点，这有利于孩子的自主学习，同时也让他能够对考试题目做出准确预测。老师考试出题，也往往是从这些重点内容入手的。因此家长可以让孩子多尝试，鼓励他们进行归纳总结，自己画出重点。

3

做好总结笔记。总结必须以文字的形式写出来才能强化记忆。无论是孩子总结出的关键字，还是画出的重点内容，包括老师的课堂笔记，都要在时间充足的情况下，让孩子书写出来，形成文字。这事实上对于孩子进行高效率的考试复习也非常有帮助。我们可以毫不夸张地说，如果孩子总结写得好，考试甚至不用去看书，只将自己的总结过一遍就可以了。家长切记总结要以具体的知识点为主要内容，不要误导孩子去写感受、情绪等比较主观的内容，针对孩子学习的薄弱环节，要做重点总结。

学习成绩双保险——复习＋预习

①
这次考试小鹏又得了100分！
我为什么就不行？

②
小鹏，快告诉我考100分的秘诀！
我的秘诀就是课后要认真复习！

③
我也要像小鹏一样认真复习！
复习

④
这次考试小鹏又得了100分！
为什么我还是没考100分？
忘了告诉你，我还有一件法宝，那就是“课前预习”！

想让孩子学习成绩好，方法非常重要。与其考试时抱着书本临阵磨枪，不如平时就做好课后复习与课前预习环节。这样不仅有助于孩子自主学习，还能让孩子将老师在课堂上讲授的知识充分消化，真正达到“小考小复习，大考不复习”的理想境界。我们可以这样认为，复习与预习为孩子的学习成绩上了双保险。试想，如果孩子可以不用为考不出好成绩担心，学习也就会变成一件轻松快乐的事情。这不仅对于孩子现阶段的成长与发展非常有利，还会让他的整个人生都受益匪浅。

那么如何帮助孩子做好复习和预习呢？

1

复习抓牢知识点，注意查漏补缺。家长要督促孩子养成每节课课后复习、每天都要复习的好习惯，这样才能强化记忆，让老师在课堂上传授的知识在孩子头脑中形成深刻印象。复习的时候，以老师在课堂上讲授的知识点为核心，有重点地进行复习，同时注意那些孩子掌握不扎实的知识点，对其进行反复记忆，反复练习，直到孩子将知识真正理解并记住了。家长必须清楚，要想孩子在考试中取得好成绩，每天的复习环节就一定要做好，绝对不可以偷懒。将复习长期坚持下去，孩子也会因为知识的牢固掌握，对自己的学习能力更加有信心，就不再那么害怕考试了。对于会复习的孩子来说，考试甚至能够成为一种审视自己学习能力的机会，他会从中感受到挑战自我的乐趣。

2

预习注重建框架，掌握知识体系。与复习一样，预习则要在每节课课前、每天都坚持做，只是预习需要将功夫更多地花在对知识体系的整体把握上。比如语文预习时，孩子通过课前阅读要明确这篇课文的主旨。简单而言，就是要通过预习，明白老师接下来要“讲什么”的问题。家长需要引导孩子带着目标去预习，有目的的预习。在预习时画出知识体系框架图，这样预习过后，孩子便可以在课堂上一边听老师讲课，一边把所学知识填充到框架图中。千万注意，不要让孩子把预习当作走过场，应付差事。家长也切忌将预习的重要性以说教的形式传达给孩子，那样很有可能造成逆反，预习效果不理想。在孩子还没有养成良好的预习习惯时，家长可以陪着孩子一起预习，为孩子做示范，帮助孩子学会高效的预习，而当孩子认真完成预习工作后，就会发现自己在课堂上学得很顺利，对于老师的提问对答如流，对于知识的理解也非常到位，这种成就感的建立，有助于提高孩子的预习积极性。

“过电影”回忆法

我们常听人说，晚上睡不着的时候，白天的事情就像在头脑中“过电影”一样，一幕幕于眼前呈现。事实上这种“过电影”式的回忆，在学习上同样适用。家长只要引导孩子勤于练习，孩子聪明的头脑甚至能够将整本书全部逐篇“过电影”。有些精通这种方法的孩子，连相关知识点在书的第几页、第几段、第几行都可以准确说出，足见人的大脑有多么强大。

“过电影”回忆法最好坚持每天练习。让孩子找一个相对空闲的时间，利用5分钟左右的时间，先让心情平静下来。然后从老师在课堂上讲课开始，对一整天发生的与学习有关的事情进行回忆。在完全不借助书本的情况下，只是回忆老师讲授的内容，进行第一遍“过电影”。

随后，拿出课堂笔记和书本，先通篇阅读一下，然后根据课堂笔记或是书本进行第二遍有针对性的“过电影”。以课堂笔记的每个条目或是书本上的每部分内容为指导，对老师在课堂上讲授的知识做更加细节化的回忆，这样知识便很直观的输入了孩子的大脑中。

接下来，合上课堂笔记和书本，拿出一张白纸和一支笔，结合老师课堂上讲授的内容，以“过电影”的形式对课堂笔记和书本进行回忆。为了避免回忆混乱，可以将回忆中想到的知识点在白纸上加以记录，孩子还可以像老师在课堂上讲课那样，边写边说。

家长鼓励和督促孩子，每天都按照这三个步骤进行“过电影”练习。通常坚持一周左右，就会取得初步成效，孩子在课堂上学到的知识得到了很好的巩固，在应用时也会变得更加容易。当孩子把这种练习坚持一个月后，家长会发现在孩子身上有惊人的转变。他不仅能够把书本上的知识学得很好，更重要的是，记忆力也得到了有效锻炼，同时对于提高阅读能力和观察能力也有很好的辅助作用。长期坚持这样的方法，孩子的眼睛会变得非常“尖”，对学习上的重要知识点始终保持较强的记忆，阅读时也能很快抓住重点，掌握内容。

需要注意的是，家长尽量不要让孩子在睡前“过电影”。这有可能会令他过于兴奋，睡不着觉，影响到第二天的学习。前期练习的时候不要操之过急，尽量给孩子充足的回忆时间，不可急于求成。要根据孩子的能力，以宽容的态度面对孩子有限的记忆力。家长尽量少给孩子施加压力，同时又要对他的每一次进步给予客观的评价和肯定，这样才能让孩子将这种练习长久坚持下去。当孩子意识到自己已经从中受益，并将“过电影”回忆法形成稳定的学习习惯，家长才可以适当放手，让孩子去自主学习。

从现实生活中寻找答案

任何知识都离不开实际应用。联系实际学习法非常有利于孩子对知识建立直观印象，对于记忆的加深和知识的融会贯通都有极大的帮助。孩子只有在现实生活中真正运用知识，才能对任何考试题目都有极强的适应性。万变不离其宗，无论考试题目如何变化，难度如何，孩子都可以应对自如。这事实上是最理想的学习境界，也是我们作为家长，引导和督促孩子好好学习的最终目标所在。那么在现实生活中，家长一定要注意引导孩子去发现和运用所学知识解决问题。

1

将语文学习与读书、看报融合。利用节假日带孩子去逛书店、图书馆，参加作家的图书发布会、讲座等，激发孩子对阅读的热情，使其养成良好的阅读习惯。家长尽量为孩子提供各种类型的读物，历史、地理、生物、化学、物理等等，只要孩子感兴趣，都可以让他利用闲暇时间尽情阅读。家长平时不仅要为孩子买书，还要为孩子订阅报纸和杂志等。即便是最初对阅读不怎么感兴趣的孩子，当发现家里有很多书报的时候，有时出于好奇也会翻阅。此外家长自己热爱阅读，孩子也会耳濡目染受到影响。家长为孩子准备一本字典，方便他对不认识的字及时查找。随着阅读的逐步深入，孩子不仅能够认识很多汉字，还能拓宽知识面，提升写作能力。所以说，阅读对于语文的学习是非常有帮助的。

2

将数学学习与家庭财政融合。家里买菜的钱等家庭细小开支，不妨让孩子来管理。家长引导孩子做一个账本，专门用来记录家庭日常开销，这样既可以培养孩子对数字的敏感，又能让孩子养成正确的消费观。家长还可以在银行为孩子开立一个账户，教孩子把压岁钱和多余的零花钱都存进银行账户，并可以和孩子一起计算利息，帮助孩子从小培养理财的好习惯。这远比家长给孩子零用钱要更加有利于他的成长。参与家庭财政，孩子就可以在日常生活中学习数学。孩子对赚钱、花钱的事情有了直观印象，消费时便可以做到更加合理。同时感到数学也不再那么枯燥，而是成了活生生的现实生活，孩子会因此喜欢上学习数学。

3

将英语学习与家庭交流融合。父母如果对孩子说英语，那么孩子学习英语的效率是惊人的。可能有的家长会感到为难，自己英语并不好，或者根本就对英语一窍不通。即便是这样，也没有关系，父母可以和孩子一起从头学起。要知道，未来社会的发展趋势必定是国际化的。孩子如果不精通英语，其自身发展空间就会受限。所以家长必须要重视孩子的英语学习。事实证明，家长和孩子一起学英语，往往比花大价钱为孩子报英语辅导班的效果更好。

自然拼读学起来

自然拼读是目前比较流行的一种英语学习方法。孩子通过熟悉英语的发音规律，对单词、句子甚至是整篇文章进行流利阅读。自然拼读抛弃了传统英语的音标学习，孩子直接根据每个字母的发音，便可以大致推测出该单词的读音。这极大地提高了孩子学习英语的效率，也是许多以英语为母语的国家非常推崇的一种语言学习方法。自然拼读在理解起来的时候更加简单容易，这也令非母语国家和地区的孩子，在英语学习中呈现出了低龄化方向的发展趋势。家长尽早让孩子接触自然拼读，有助于他们对英语产生浓厚的兴趣，建立成就感，为学校英语学习起到极佳的辅助作用。

1

总结英语发音规律。从学习字母开始，就要给孩子灌输自然拼读的概念，例如学习字母 A，相应的加入 A 发音的单词 apple 等，孩子记住了字母和单词的同时，也记住了字母 A 的主要发音。这样 26 个字母一路学下来，孩子不仅词汇量得到丰富，还形成了良好的语感，对于英语的发音规律比较熟悉。随后父母就可以和孩子一起进行总结，将相关字母和单词罗列下来，根据发音规律进行自然拼读练习。

2

多做拼读练习。家长为孩子在网上购买些口碑较好的自然拼读学习资料，如分级阅读绘本等，还可以专门将单词制作成卡片，与孩子比赛进行拼读练习。让孩子通过自己的理解，将单词大声拼读出来。起初孩子可能会有些顾虑，担心自己拼读错误。家长在最开始的时候可以为孩子做拼读示范，然后鼓励孩子去尝试，尽量多做练习。当孩子对自然拼读越来越熟悉的时候，随着自信心的不断建立，他对自然拼读的掌握能力也会越来越强。

3

参加各种自然拼读活动提高学习积极性。部分教育机构会不定期开展自然拼读的推广和竞赛活动，家长最好领着孩子多参加。通过参与活动，孩子能够看到自己的成绩和不足，家长也能吸收更多关于自然拼读的前沿信息。如果家庭条件允许，孩子的课余时间又比较充足的话，还可以为孩子报名参加相关英语辅导班，在专业老师的帮助下，提升孩子的自然拼读能力。

家长需要注意的是，英语学习需要长久的坚持，孩子语言能力的提升必须遵循渐进式的过程。家长和孩子都要尽可能去坚持做自然拼读，在日常生活中，哪怕是走在街上看到广告牌上的陌生英文单词，家长都可以引导孩子去尝试拼读，这样通过生活的点滴积累，孩子的英语势必会更好。

神奇的珠心算

珠心算是把珠算和心算结合的一种数学计算方法。孩子最初通过学习珠

算，掌握基本的口诀，达到运算目的。随着珠算与心算的逐步结合，孩子在头脑中形成了珠算画面，这个时候就可以将算盘装进心里，采用心算的方式得出答案。珠心算目前在4岁至12岁孩子的群体中被广泛推崇，尤其是4岁至8岁的孩子，不仅数学被活学活用，还锻炼了手眼协调能力，促进了智力的开发。以往我们通过阿拉伯数字的形式进行数学计算，孩子时常会死记硬背数字答案。可是珠心算却将数学实体化，数字变成了具体的算盘珠，孩子将算盘珠的具体影像在大脑中反映出来，随着珠心算学习的不断深入，注意力变得更加集中，做事情的持久性也会有所提高。

1

根据孩子的具体情况进行珠心算练习。家长要充分考虑孩子的年龄和理解能力，注意进行珠心算练习的时间不宜过长。虽然珠心算很神奇，能够让孩子建立成就感，但同时也要照顾到其他科目的学习，以免孩子出现偏科的问题。

2

家长和孩子一起学习珠心算。家长不要一味要求孩子去学习，对珠心算一窍不通，这样孩子会觉得爸爸妈妈就知道让自己学习，他们自己却时常在偷懒。如果自己也能以一种充满好奇、虚心好学的状态与孩子一起去探究珠心算的奥秘，甚至掌握了相应的运算技巧，无论是对于辅导孩子，还是对于自己的工作和日常生活，都非常有帮助。家长身体力行的最大好处在于，孩子能够从爸爸妈妈身上看到学习是一辈子的事情，无论什么年龄，都需要积极努力地吸收新知识。家长自己只有对珠心算持接受态度，孩子才会真正对其感兴趣，进而付出更多努力，演绎珠心算的神奇，在学习数学的过程中考出好成绩。

3

虽然珠心算很神奇，但家长切忌操之过急。孩子连最基本的加法口诀都没有掌握，就想让孩子去计算复杂的算式；孩子怎么打算盘都没有学好，就想让孩子脱离算盘去实现心算。这样的想法是不切实际的，只会令孩子有严重的挫败感，甚至想要放弃学习。家长善于等待，孩子一口吃不成一个大胖子。明智的家长知道要给孩子时间去接受和理解知识，然后通过不断练习，实现质变。只要家长和孩子一直努力，付出了汗水和时间，我们相信，孩子能把学习这件事做好。

一看就会的图表学习法

孩子学习的知识，以文字居多，因而学习起来既显得枯燥，也往往不容易记住。画图对于学习而言是种好方法，孩子将文字知识用图表的形式表示出来，一目了然，头脑中形成了图表的概念，也更加容易记忆。考试的时候，遇到相关问题，孩子头脑中浮现出图表，进而实现知识的有效联想。无疑，图表学习法是一种高效率的、对于孩子提高学习成绩非常有帮助的学习方法。

1

图表解题法。这种方法尤其适合解答数学题，即根据题意，用图表的方式表达已知条件，将相关数学关系直观罗列，从图表上直接看出题目的解答方式甚至直接得出答案。家长可以引导孩子从最基本的画线段图开始，建立图表概念，锻炼孩子的逻辑分析能力。随着学习的不断深入，包括绘制几何图形解题、运用数列关系解题等，孩子都能够熟练掌握，解答起数学题来也通常可以更加得心应手。

2

知识体系图。数学学习中只有牢记定理、定律，才能在解题时灵活运用，孩子对这些定理、定律如果能以体系的理念记忆，通常更容易。语文和英语的知识，事实上也是成体系的。家长只需要引导孩子查看一下课本目录，然后根据课本目录绘制出该学科的整体框架，随后便可以将相关重点知识添加到知识体系图中去，包括相关的练习题，也可以成为知识体系图的引申部分。以后孩子每次复习，可以看着知识体系图回顾相关知识和习题，也可以抛开原有知识体系图，像老师备课一样，自己在白纸上根据记忆先画出知识的大体框架，然后逐步填充重点知识。通过绘制知识体系图，每门学科的知识变得非常完整，而不再是零散混乱的，这不仅有助于孩子记忆，同时对于易混淆的知识还可以有效区分，更重要的是，孩子独立绘制知识体系图的时候，无时无刻不在运用所学到的知识。

3

强化记忆的具象图。有些英语单词，孩子平时接触得少，因而记不住；有些古诗、古文，与白话文区别很大，孩子读起来拗口，也不太容易理解。这时候，家长不妨先给孩子解释一下这些知识的含义，然后和孩子一起把它们所表示的意思画出来。任何难以记忆和理解的知识，一旦变成了图画，就会在孩子头脑中留下深刻印象，再对其加以反复记忆和练习，就真正做到知识的融会贯通了。父母没必要成为绘画高手，只要引导孩子能够用最简单的线条表达出知识的主要含义即可，有时恰恰是这些简单的图画，看上去显得生动有趣，让学习由枯燥变得乐趣十足。

在头脑中建立一个知识模型

会学习的孩子，常常要为书本知识赋予更多活灵活现的色彩。知识变得有血有肉，甚至有灵魂，在孩子头脑中真正“活”起来。这个时候，孩子学习不再只是对文字的字面理解，而是真正让知识成为自己头脑中的重要组成部分。孩子与知识交朋友，在现实生活中实现了与知识的良性互动。我们作为家长，如何让孩子会学习呢？帮助他们建立知识模型是个好方法。

1

在知识体系基础上建立模型。孩子有时会问家长：“我为什么每天都要去上学？”有的家长回答：“为了好好学习。”这个答案中的学习太过抽象化，到头来孩子还是不清楚自己上学究竟是为什么。家长不妨先给孩子在白纸上列出他所学的科目，然后让孩子按照自己的喜好对各科目进行排序，再选择他喜欢的一个或几个科目，对其中的知识体系进行扩充，直到建立起属于孩子自己的知识模型。

2

给知识模型赋予感情色彩。家长可以问问孩子，如果用人物来形容他所学的科目，那么语文、数学、英语分别像什么？家长还可以和孩子一起给所学科目起个独特的名字，然后根据知识模型，分析出每门学科的特点。例如语文，文采出众；数学，逻辑思维强；英语，善于交流等。这样在孩子头脑中建立起来的知识模型就“活”了，它不再仅仅是课本，而如同一个活生生的人那样，被知识支撑着。孩子在建立知识模型的过程中，对相关学科知识既有了宏观的把握，又有了更深刻的理解。

3

对知识模型及时更新。随着孩子所学知识的不断丰富，家长要引导其及时对自己头脑中的知识模型加以更新。好让孩子的知识体系更加丰富，前后所学的知识联系更加紧密。就拿语文科目来说，孩子最初可能只学到了现代文、古诗等少数文体，可随着后续的学习，又慢慢接触到了文言文、议论文、小说等多种多样的文体，家长就可以提醒孩子对所学文体进行系统的总结。此外，家长还可以引导孩子做进一步引申，例如文言文中的代表作者是谁，具体背诵的段落又是什么，这些新加入的作者又有哪些别的代表作品等等，这样的引申也能让孩子的知识体系得到进一步的扩充。

家长帮助孩子建立知识模型的目的就是让孩子喜欢学习。从整体上把握知识，同时又从细节方面做引申，进而将整个知识体系变得日益丰富。家长必须清楚，我们建立的这个知识模型不是平面的，它是立体的，是活灵活现的。孩子在最初学习时有了这样建立模型的概念，对其后续学习也是极其有帮助的。

写作文一点都不难

写作文对于很多平时热爱阅读的孩子来说不是难事，可对于有些孩子却显得格外困难，憋了半天，才写出几行字，面对考场上的限时作文，孩子时常觉得自己根本无从下手。作文拿不到高分，语文成绩也自然不会很好。其实写作文是有一定方法的，那些作文写得很好的孩子，也不是天生就文采出众，而是真正掌握了写作文的方法，对文字形成了很好的把控能力。这些都是需要在日常的学习生活中加以不断练习的。

1

强化作文结构框架搭建。我们不提倡孩子写作文过分拘泥于“三大段”，但在作文的基础训练中，一定要让孩子有写作文至少分三段的概念。记叙文要在开头交代清楚事情的时间、地点、人物，然后写明事情的起因、经过和结果。议论文则主要陈述“是什么”“为什么”“怎么办”。在掌握了基本结构框架的基础之上，家长再鼓励孩子加以创新，将新的理念或者是新的叙事方法融入其中，对作文起到画龙点睛的作用。

2

阅读作文选储备题材。孩子平时多阅读，对于提高作文能力是很有帮助的。不过应试作文与杂志、书籍上发表的文章还有一定区别，因此家长最好鼓励孩子多阅读优秀作文选。尤其是老师推荐的以及与课本关联性比较大的作文选，让孩子多读多看，在头脑中多积累相似题材。这样孩子遇到命题作文，至少能够有想法，知道自己可以写什么。能够收入优秀作文选中的佳作，通常在文字表达方面都很出众。孩子阅读量上去以后，语感和语境也在无形中得到培养，写作文时用文字表达起来会更加顺利。

3

参考名家作品提升文采。文学大家的作品，往往有很多亮点，孩子多读这些作品，对自己写作文有很好的借鉴。家长即便是不求孩子在文学领域有什么成就，但是孩子文采出众的话，洋洋洒洒几百字，读起来却让人觉得格外享受，成为考试中的高分甚至满分作文也是极有可能的。当然这些都有赖于平时对于名家作品的阅读和对其文笔的模仿。

4

日记、周记多写多练。要想孩子在考试中作文得高分，平时一定要勤于练习，日记、周记必须坚持写。有的孩子会觉得每天都过得差不多，实在没有什么特别的题材可写，但是如果我们仔细观察生活，仔细发现生活中的细枝末节，哪怕是窗外一个人骑着自行车经过，也会引出一连串有趣的故事。家长一定要鼓励孩子多看、多写、多练习，只有这样才能形成很好的文字驾驭能力，在考场上写出文采出众的文章。

第五章
Chapter 5

有兴趣才学得精

- “偏科”是病，得治
- 玩物≠丧志
- 别总管我上网，我在“充电”
- 做好心理准备，开始“相亲式学习”
- 把“短板”变成兴趣
- “厌学”到“乐学”，只一线之隔
- 从“吃”中学到的
- 让想象力飞起来
- 潜在兴趣知多少

“偏科”是病，得治

对于很多家长来说，孩子学习“偏科”是件让人头疼的事情。孩子对喜欢的科目拼命学，成绩好到不行；孩子对不喜欢的科目无论怎样都不想用功学，成绩差到不行。偏科对于孩子的心理成长而言，也是一种考验。事实上也令其备受折磨。孩子在精通的学科上成就感爆棚，在薄弱的学科上挫败感满满。这种时常处于两个极端的状态，常常使得部分孩子对自己不擅长的学科选择放弃。

就高考而言，尽管孩子有一门学科能够考到很高的分数，但是偏科也会大大降低其综合成绩，导致整体分数被拉低，孩子因此有可能与自己理想的大学和专业失之交臂。

孩子偏科怎么办？家长必须要与老师密切配合，多留心观察孩子，及时根治。对于孩子学得好的学科，鼓励孩子去学得更好，但不能因此就忽略了还没有学好的科目。家长要与孩子沟通和交流，让孩子意识到，一个真正成功的人，必须是一个全面发展的人。如果孩子平时总是把时间花费在自己喜欢的科目上，却对自己不喜欢的科目不屑一顾，家长就应当及时提醒他不能忽视了其他科目的学习。同时家长还要鼓励孩子；既然他能够把一门功课学精，就有能力把其他功课也学好，所以他一定要对自己有信心，不要随意放弃任何一门功课。

针对孩子的“偏科”问题，不少家长会联系老师帮助孩子补习功课。可有的时候，即便是补课，孩子依旧偏科，家长花了不少冤枉钱，对于提高孩子的综合学习成绩并没有产生太理想的效果。正确的做法是家长先要想方设法帮助孩子意识到偏科的危害，然后建立兴趣。说教并不能有效提高孩子对偏科危害的认识，家长不如让孩子在现实生活中体验偏科给自己带来的不便，同时从孩子精通的科目入手，让他看到偏科甚至会影响到学得好的科目。例如数学非常好的孩子，英语学不好，造成的直接影响就是孩子不能用英语阅读国外的原版数学书籍，然而恰恰是这些书籍，对于热衷数学的孩子来说非常有趣。所以对这样的孩子，家长可以为他们提供一些合适的英文原版数学书，孩子想了解更多数学知识，就会想方设法把它们读懂，学好英文也会更有动力。

有的孩子在学习过程中遇到了困难，干脆选择放弃解决问题，进而出现偏科。这个时候家长要弄明白孩子的困难是什么，帮助他有效解决问题。如果问题暂时解决不了，家长可以与孩子一起对问题进行深度探究，向老师询问，上网搜索资料，或者向更加权威的专家咨询。家长以不放弃的精神为孩子树立好榜样，那么孩子也会对解决自己的偏科问题做更多的努力。

玩物≠丧志

家长担心孩子贪玩而荒废了学习，觉得玩物丧志。可如果我们引导得当，孩子在玩的过程中也能学到很多知识。况且孩子的天性就是爱玩，玩能激发孩子的极大热情，这种热情能让孩子将一件事情长久地坚持下去；玩还可以让孩子将课堂上学到的东西真正应用到实践中去，解决问题的能力得到极佳的锻炼；有些项目孩子还要与其他同伴合作才能进行，这时团队协作能力和沟通能力也相应获得提升。这些往往是孩子在课堂上和书本上学不到的。

1

为孩子提供开放性材料。家长如果不想让孩子玩物丧志，就尽可能为孩子提供一些能够激发他的创意、真正将课堂上的知识学以致用的材料。例如为年龄较大的孩子提供水果和安全的刀具，让孩子通过将水果切成不同的图形，来强化数学中图形的概念。家长还可以鼓励孩子利用纸、笔、胶水等自己制作手工，也有助于孩子对课本知识建立直观认知。例如学习了课文《小橘灯》，家长就可以领着孩子亲手做一盏小橘灯试一试，这远比对课文死记硬背更有助于提高孩子的学习成绩。

2

引导孩子进行探索式玩耍。孩子想要玩什么，对玩什么感兴趣，家长最好能够遵循孩子的意图去引导他积极探索。例如来到海边，孩子很想堆一座宏伟的沙堡，为了避免让海水将沙堡冲毁，就要将沙堡的方位设置在离潮水较远的地方。可是离得太远了，完全被海水冲不到，似乎也不好玩。这个时候就需要孩子进行一系列的精确计算，弄清楚海水涨潮的时间、速度等，计算出相应的距离。在探索过程中，家长即便有很多不明白的地方，也要和孩子一起去寻找答案，这样更能够充分调动孩子学习的积极性。

3

在必要的时候帮孩子一把。家长的知识储备毕竟要比孩子多一些，因而当孩子觉得知识不够用遇到难以解决的问题，家长有必要给孩子提供更多支持。家长可以给孩子提供一些比较好的建议，或者为孩子提供相应的工具，有时哪怕是家长的一句话，或许能令孩子灵光乍现，想出好点子去解决问题。家长虽然要尽量保证孩子独立玩耍，但也要及时伸出援手。这必要的帮助，往往会在孩子头脑中留下深刻印象，学习课本知识时，还会形成有益的联想。

4

抓住恰当的教导时机。当孩子很想听听你的意见时，家长就可以抓住时机说教了。教孩子语文生字，教孩子数学知识，教孩子英语句型。当孩子不想再听时，家长要能够马上停止，而不是根据自己的兴致，说个没完。

别总管我上网，我在“充电”

很多家长在家中对孩子上网严格管理，甚至杜绝孩子上网。家长觉得网上的很多不良信息，会对孩子的成长不利；长时间上网，还有可能形成“网瘾”。殊不知，事物都有两面性，互联网上虽然存在很多有待改进的问题，但其丰富的信息储备、便捷的信息搜索却是不容忽视的事实。随着网络时代的到来，人手一部智能手机，上网几乎成了生活的常态。与其对孩子上网严防死守，不如教会孩子如何恰当使用网络。

如果孩子真能把网络使用好，对于他提高学习成绩和自主学习是非常有帮助的。遇到不会读的生僻字可以上网查询；遇到难解的数学题，通过搜索和求助，往往能够很顺利地在网上找到答案；遇到不会读的英语单词和句型，孩子在网上使用百度翻译就能轻松解决问题。互联网上更有专门针对孩子开发的在线学习系统，利用软件或者是手机 APP，以视频、音频、图片的形式，达到更好的教学效果。从这个角度来看，家长引导孩子科学上网，有助于孩子“充电”，同时还可以让孩子做更丰富的知识储备，令他成长为一个知识渊博的人。

在孩子使用互联网之前，家长有必要“约法三章”。事先与孩子讲好上网时间和上网规则。通常为了保护好孩子的眼睛，上网时间以 20 分钟左右为宜，最多不要超过半个小时。孩子要在家长的监督下使用网络，浏览适合孩子进入的网站，搜索孩子需要解决的问题的答案。家长还可以在电脑上安装信息过滤软件，将不健康的网络信息通过技术手段剔除。如果孩子对你们事先约定的规则遵守得很好，那么家长要给予适当奖励，比如允许孩子多上 5 分钟网络等。但是如果孩子遵守得不好，家长就要以缩短上网时间等形式给予惩罚。

未成年人上网必须要在家长的监督下进行。作为家长，应当对孩子上网持科学客观的态度。完全杜绝孩子上网是不可取的，总是在孩子耳边唠叨“怎么又在上网”等，会引起孩子的逆反心理。家长过分担心网络给孩子带来危害，甚至会造成“网瘾”，其实是没有必要的。家长的这种担心往往会被孩子感受到，形成强烈的好奇心，有可能家长越是担心发生的事情就越会发生。此时不如多看看互联网好的一面，积极引导孩子关注那些健康的网络信息和功能，使之对其产生兴趣和积极性。在一定程度上信任孩子，支持孩子，孩子上网才能真正充到“电”。

做好心理准备，开始“相亲式学习”

什么叫“相亲式学习”？就是让孩子喜欢所学的知识，同时也要让知识喜欢孩子，使孩子在所学领域有所成就。家长可能会觉得，对于大多数枯燥的知识来说，孩子能够对学习感兴趣就已经非常不容易了，那么如何能够让知识喜欢孩子，使孩子考出理想成绩，实现“两情相悦”呢？这似乎很困难。实际上家长只要找到窍门，对孩子给予正确的引导，“相亲式学习”并不难。当我们掌握了正确的方法，帮助孩子形成了稳定的学习习惯，孩子的学习能力便可以稳步提升。学习能力加上科学的考试技巧，所形成的学习效果会与考试成绩直接挂钩。

1

以兴趣为核心。就像相亲一样，只有当事人真正感兴趣，才愿意参加。因而家长必须充分把握孩子的意图，从他想要做的、感兴趣的事情入手，让孩子积极学习。例如有的孩子对搭建乐高积木很感兴趣，而真正想把这种积木搭好，需要有数学几何、物理等知识的支撑，同时还要发挥孩子的空间想象力。那么，家长可以利用节假日为孩子报名参加乐高兴趣班，在专业老师的引导下学习搭建乐高积木。遵循兴趣的引导，随着学习的深入，孩子会发现数学知识原来是如此有用，他也因此会更加努力认真地学习。

2

探索孩子具体的兴趣点。家长应对孩子在兴趣爱好方面尽量少指手画脚，真正应当做的是对孩子仔细观察，发现孩子具体对什么感兴趣。这里需要指出的是，家长必须清楚孩子具体的兴趣点，越具体越好。比如有的孩子说他喜欢画画，事实上这样的兴趣定位过于宽泛。因为在绘画领域，还有很多细分，有水彩画、素描、油画等等，家长只有明白了孩子具体的兴趣点，才能将其与学习紧密联系，进而搭建“相亲式学习”的桥梁。

3

降低难度，保护孩子的成就感。如果你的相亲对象高不可攀，那么你还愿意去参加相亲吗？恐怕很多人会望而却步。因而家长要根据孩子的兴趣，准确衡量孩子的能力，为他们提供适当难度的学习内容。当然最好是在课本上的内容孩子能够驾轻就熟的基础上提供些适当增加难度的知识让孩子学习。可是对于有的孩子而言，课本上的知识就够难了，孩子学起来已经感到吃力。这个时候家长不要着急，更不要去责备孩子，而要平心静气想方设法为孩子降低难度。家长要告诉孩子，每个人的能力和现实情况都不尽相同，孩子觉得课本知识学起来困难也不要紧，家长可以为他提供一些基础的知识点进行学习，找些基础的练习来做，先打好基础，然后再逐步提高。这样做可以有效保护孩子的成就感，不会让他在“相亲式学习”中自惭形秽。当孩子在成就感中找到越来越多的自信，赶上学习进度也是极有可能的。

把“短板”变成兴趣

管理学中的“木桶定律”，讲的就是一只木桶中的短板决定了这只木桶能够装下多少水。将这一定律运用到个人管理中，“短板”常被比喻为一个人最不精通、最不擅长的事情。孩子在学习中的“短板”，则主要是指孩子不精通的学科或者知识等。例如有的孩子就不擅长写作文，有的孩子则对数学还没有开窍，有的孩子会觉得上英语课像听天书。多数时候，“短板”会令家长和孩子头疼不已，甚至造成孩子严重偏科。究竟怎样才能提升孩子“短板”的长度，让孩子的“木桶”中装下更多知识，这就成了一个值得关注的问题。解决这个问题的方法，就是把“短板”变成兴趣。

1

尽量让孩子全面接触“短板”学科内的各种知识。孩子语文成绩不好，往往是因为没有将部分语文知识掌握牢固，家长不能因此就给孩子贴上“语文差”的标签。平时多为孩子提供全面的语文学习机会，看报纸、听广播、上网和参加朗诵比赛等，以这种积极参与的形式，让孩子从语文中找到兴趣所在。有时即便是孩子迷上了一个广播节目，然后有机会参与其中，通过答题、朗诵等，发现语文很有趣，遵循兴趣的引导，孩子也会更加积极努力地学习语文。这样一来不用家长督促，孩子被浓厚的兴趣推动着，语文反而由“短板”变成了“长板”。

2

钻研“短板”发现趣味。还有一种方法就是家长陪伴孩子硬着头皮去钻研“短板”，不断克服困难，坚持不放弃，在这个过程中发现兴趣，进而真正将孩子学习过程中遇到的困难从根本上解决。我们必须承认，发现问题和解决问题的过程也是非常有趣的。尤其是解答数学应用题时，家长与孩子一起设想出各种解题方法，对解题步骤加以讨论，在得出答案后再列举同类问题，举一反三，这样形成一种探索式的学习氛围。兴趣就如同一棵小树苗，种在了孩子心中，随着头脑中解题思路的明了，小树苗壮成长，孩子便会觉得其实“短板”也没什么可怕，勇敢面对它的时候还非常有趣。

3

冷静看待“短板”，重视和发现兴趣。每个人都会有不擅长的事情，面对孩子的“短板”，家长首先要保持冷静的态度，做到既不听之任之，又不过分紧张。承认孩子的不足，同时积极采取行动帮助孩子弥补不足。这其中一定要去尝试探索适合孩子的方法，家长千万不能主观地站在自己的角度上去想问题，忽略了孩子最宝贵的兴趣。我们必须明白，如果孩子找不到关于“短板”的兴趣，那么做再多努力都是于事无补的。因而家长必须从兴趣入手，对孩子予以正确引导。

“厌学”到“乐学”，只一线之隔

学习应当是件快乐的事情。那么为什么有的孩子会厌学呢？这往往与家长看待孩子学习的态度有关。家长对孩子过分施加压力，总是担心孩子考试成绩不理想，怕孩子太贪玩影响了学习。试想，每天面对将学习看得无比重要的父母，孩子难免会感到厌烦。受这种负面情绪的影响，孩子便对父母分外关注的学习非常反感。这时父母要如何做，才能够帮助孩子找回学习的快乐呢？

1

从孩子擅长的科目入手，找回快乐。有的家长总是抓着孩子在学习过程中的错误不放，其实应当更多地看到孩子的优势和进步。如果孩子总是从家长那里收到负面信息，总是被爸爸妈妈否定，学习时自然不会快乐到哪里去；如果家长给孩子更多正面信息，看到孩子在学习中的长处，从孩子擅长的地方入手，给予更多鼓励和肯定，孩子便能找回学习的快乐。孩子越是学得好，就越想努力学得更好。学习兴趣就这样稳固地建立起来，快乐学习将不再是一种空想，而是每天孩子都切实经历的事情。

2

创造机会，为孩子建立成就感。学习不应当局限于书本知识，家长要为孩子创造更多学习机会，让孩子知道世界很大，舞台也很大，只要保持积极乐观的心态，勤奋努力地学习和练习，总会有让自己施展才能的地方。当孩子真正能够学以致用后，随着成就感的建立，快乐学习便成了可能。我们不主张家长将自己的主观意愿强加给孩子，家长可以带着孩子去尝试各种课程和活动，帮助孩子找到真正的兴趣，再深入学习。虽然学校里的很多课程是孩子必须上的，但是家长可以为孩子创造更多选择的机会。孩子根据自己的意愿去学习，积极性往往更高。孩子的这些选择，往往有助于他进一步学习书本知识，两者相得益彰。

3

鼓励孩子去积极探索未知。如果孩子想要尝试去探索，家长要尽量予以鼓励和支持。特别是一些创新的发明，孩子想要实现的一些新想法等，尽管有的会显得有些稚嫩，但只要是健康阳光的、合法合理的，家长就应当给予肯定。孩子在探索未知的过程中，许多课本知识能够得到有效应用，理论联系实际。

同时为了实现自己的新想法，孩子往往还会去主动学习更多知识，学习由被动变为了主动。当孩子掌握的知识越来越多，探索的领域就会越来越广泛。此时，学习不仅成为一件快乐的事，还直接与孩子的梦想挂钩。

从“吃”中学到的

①
肚子好饿，吃一块！
等等，妈妈先给你出道题。

②
我一共做了10块蛋糕，咱们家有三个人，每人吃几块？
每人吃3块，还多出一块。
10÷3=3余1

③
如果把这一块再平均分给咱们三个人呢？
那么每人就能吃到这块蛋糕的三分之一。

④
儿子，你数学真棒！
过奖了，妈妈！
别只顾着学习，蛋糕都快被我吃光了。

想让孩子对学习感兴趣，就要从他感兴趣的事物入手，让孩子把感兴趣的事物和在学校中学到的知识相联系，激发孩子的学习兴趣。人们常说“民以食为天”，“吃”是很多孩子的最爱，也是每个人得以生存和发展的根本需求。从家庭教育的角度上来说，家长完全可以通过“吃”来激发孩子的学习兴趣，进而使孩子产生极大的学习热情。这样做之后，孩子不仅能够从“吃”中学到宝贵的知识和解题方法，还可以在最后与爸爸妈妈一起饱餐一顿，何乐而不为呢。

1

英语单词和习语“吃”中学。水果、蔬菜、餐具等的英语名称，用餐时的各种英语习俗语等，家长都可以在日常饮食中融入。例如妈妈今天打算为孩子做菠菜汤，就可以教孩子菠菜的英语单词 spinach。妈妈叫孩子来吃饭，也可以直接说“Time for dinner”。这样学英语就会成为一种日常生活中的习惯，而不是局限在课本上的死记硬背。我们仔细计算一下一天的时间，除了睡觉，一日三餐占据了我们一天的很多时间。人们关于“吃”的英语单词、俗语以及各种文化，数不胜数。家长如果能够引导孩子从“吃”入手，学好英语，孩子在对英语感兴趣的同时，也会储备很多常用词汇，对于其他领域的学习都是有帮助的。

2

总结出那些与“吃”有关的文字与文章。汉字中的许多字也与吃有关，比如“口”“吃”“食”等等。家长和孩子一起将这些字总结出来，同时组词造句，孩子会觉得汉字原来这么好玩。语文课文和古代诗词中也有很多描写“吃”的篇章，家长也可以和孩子一起做总结。通过这样的形式，激发孩子对语文的学习兴趣。孩子会被汉语言的博大精深所打动，在接下来的学习中也更加愿意去积极探索。同时这种从“吃”入手以点到面的学习方法，也为孩子的学习提供了一种范例。除了“吃”，孩子还可以根据自己的喜好，诸如“交通”“服饰”等，对其进行总结，在语文的海洋里尽情遨游。

3

将数学知识运用到“吃”中。孩子善于通过数学在“吃”的时候精打细算，往往可以获得更加公平的对待，或者吃到更多美食。同时以文字形式展现的数学题目，被“吃”变得具体形象，孩子解题时亲自动手操作，对于解题步骤和答案都会印象深刻。家长不仅要让孩子喜欢“吃”，吃出好身体，更要吃出好头脑。孩子在享受美食的同时，嘴在动，大脑也在动。曾经对于孩子来说很难的数学，现在似乎变得越来越容易。

让想象力飞起来

很多孩子的想象力都非常丰富。不过有的家长却觉得孩子是在做白日梦，或者把那些宝贵的想象看作是异想天开，觉得孩子与其把时间花在胡思乱想上，不如好好学习课本知识。然而就在家长否定孩子想象力的同时，很可能将孩子对于学习的兴趣杀死在摇篮中。因为如果没有想象，知识就会成为一串死板的数据信息，根本达不到活学活用的目的。孩子只有通过想象，才能对语文知识有更深入的理解，对数学的解题思路有所洞悉，对英语的多种表达形式熟练掌握。

1

鼓励孩子在知识的海洋中“胡思乱想”。家长如果能够鼓励孩子，在学习的时候多发挥想象力，有时候会收到意想不到的学习成效。孩子凭直觉迸发的想象力，会在内心深处激发出极大的学习兴趣和学习热情，枯燥的学习因此变得有趣，孩子在学习过程中也能够因此变得更加积极，动力十足。例如孩子在学习唐诗时，除了对诗人描写的意境加以想象外，还可以对诗人的生平、时代背景加以想象。唐诗在文字间变得活灵活现，孩子也会觉得学习唐诗非常好玩，学习兴趣就这样建立起来了。

2

寻找想象与现实结合的路径。家长担心孩子整天在想象的世界里遨游，却忽略了现实，那么当务之急就是帮助孩子建立想象与现实的路径，使孩子丰富的想象力与书本知识有效结合，从根本上提高孩子的学习成绩。一方面，家长可以从孩子最喜欢的想象方式入手，联系书本知识，让孩子通过想象去解答题目，特别是写作文，想象力的充分发挥，能够让孩子的创作过程趣味十足；另一方面，家长可以从书本知识入手，引导孩子进行想象，在建立知识体系的同时，丰富想象画面。这样做，学习也会变得很有趣。

3

支持并为孩子的想象力创造发展的机会。既然孩子喜欢想象，家长就要支持并努力尝试为孩子创造发挥想象力的发展机会。遵循孩子的兴趣激发想象力是个好办法。例如有的孩子喜欢语文，孩子良好的想象力让他所创作出的故事特别有趣，那么家长就可以鼓励孩子给报纸、杂志投稿。当孩子的文章被发表后，孩子的成就感会倍增，同时对于语文的学习也更加有把握。我们说如果想要培养一个全面发展的孩子，家长的教育思路就要做到足够全面，不要拘泥于现有的生活，尽量去拓展，领着孩子向更新、更有趣的层面迈进。这样孩子在学习时，想象力为他展开的将是一幅多姿多彩的画卷。

潜在兴趣知多少

孩子除了对学习中的某些内容表现出了浓厚的兴趣外，事实上还有些表现不是很明显的潜在兴趣。对于这些潜在兴趣，有时候是孩子不善于表达，有时候则是孩子自己也不清楚是不是真的感兴趣。这些潜在兴趣如同幼小的萌芽，如果家长没有及时发现，就会被扼杀或者是被隐藏得更深。不过一个人的潜在兴趣终究有浮出水面的时候，家长与其让孩子在叛逆期意识到了自己的潜在兴趣，不如尽早发现，及时引导，使之成为有助于学习的动力。

1

从孩子的语言中发现潜在兴趣。家长平时要注意倾听孩子的话，尤其是孩子反复对你说的那些话，这其中便很可能隐藏着他们的潜在兴趣。例如有孩子对妈妈说，他们班很多同学都去学英语了，孩子自己虽然没有向妈妈表明很想去学，但反复强调班上很多同学都去学英语的事实，说明孩子很看重这一点。那么作为妈妈，就要留心问一下孩子的意愿，确认孩子是不是对英语很感兴趣，或者对于和同学一起学英语很感兴趣。

2

从孩子的行为中发现潜在兴趣。孩子最近总是抱着一本小说看个不停，孩子对电视上播放的《最强大脑》非常热衷，或者孩子迷恋观看英文电影……这些行为中往往包含孩子的潜在兴趣。家长不要只是从行为上评价孩子，同时告诫他们注意不要影响学习。家长真正应当做的是看看孩子究竟在看什么小说，跟他讨论一下《最强大脑》中的关注点，英文电影孩子有多少单词和句型能够听得懂。家长要以分析的眼光来看待孩子的行为，进而发现孩子的潜在兴趣，然后想方设法遵循这些兴趣加以引导，使之与孩子的学习建立联系。

3

从孩子以往的兴趣中发现潜在兴趣。例如有的孩子一直对数学非常感兴趣，但是最近却开始在白纸上绘制各种图形。单纯来看孩子的变化，家长可能会觉得孩子是不是对绘画感兴趣了，可是联系他以往的兴趣，与孩子进行及时沟通后，家长发现，孩子在研究数学中的几何关系。家长如果没有考虑到孩子以往的兴趣，可能就会在引导孩子方面出现失误。潜在兴趣发现及时，引导得好，孩子的兴趣就能与学习建立恰当的联系，那么学习这件事就会很有趣。还是这个喜欢在白纸上绘图的孩子，家长将数学、几何的知识系统地介绍给他之后，孩子不仅图画得更好了，数学成绩也开始突飞猛进。潜在兴趣变成了孩子真正的兴趣所在，学习跟着兴趣加速跑。

第六章 Chapter 6

时间都去哪了

- 网游、页游、手游，一个都丢不下
- 刷微信、上微博，时间都被“碎片化”了
- 缩短学习“疲劳期”
- 今日事，今日毕
- 重要的事与紧急的事
- 如何“临阵磨刀”
- 是时候建立“时间规划局”了

网游、页游、手游，一个都丢不下

互联网时代的到来，令娱乐形式更加多元化，娱乐种类更加丰富多彩。尤其是游戏，其巨大的吸引力，就连成年人都无法抗拒，更何况是心智还不够成熟的孩子。从家庭教育的角度来看，为了保证孩子有足够的学习时间，应尽量少让孩子接触网络游戏。作为家长，在孩子面前也应当尽量少玩游戏，多看书学习。只有家长做好示范，才能在家庭中真正为孩子营造出良好的学习氛围，家长的一言一行，都会潜移默化地影响孩子，最终让孩子形成习惯。

当然，游戏无处不在，有时家里没有人玩游戏，但是由于孩子的同学在玩，受到影响，孩子也会对游戏很好奇。这个时候，家长与其严防死守，不如采取疏导策略。与其让孩子偷偷摸摸避开爸爸妈妈玩游戏，不如帮助孩子挑选一些更适合他们的游戏，设定好孩子的玩游戏时间。家长应当明白，对于玩游戏这件事，如同大禹治水，一味地“堵”远不及有智慧地“疏导”。

把控好孩子玩游戏的时间尤其重要。必须在孩子完成作业的前提下玩游戏。如果孩子因为玩游戏占用了大量学习时间，考试成绩就会受到严重影响。家长可以专门为孩子准备一个闹钟，设置好闹铃，与孩子事先约定好，当闹铃响起，就必须停止玩游戏。不过家长与其旁观孩子玩游戏，不如参与其中，更有助于把控。孩子也会因为家长的参与，更加愿意与爸爸妈妈积极配合，做到学习的时候用功学习，玩游戏的时候开心玩耍。

为了对孩子所玩的游戏内容有所控制，家长要对家中的台式电脑、平板电脑、手机等设置密码。孩子对这些数码产品有使用权，但在使用之前，必须经过父母同意，待父母输入密码后才能玩。这样做不仅给孩子留出了独立自主的空间，家长对孩子做到了足够的尊重，同时还非常便于管理。父母输入密码成为家中约定俗成的规矩，孩子也不至于因为过度玩游戏而荒废了学业。

网游、页游、手游，未来可能还会有更多的游戏形式，这些游戏极富想象力，身在其中确实非常好玩。家长要积极引导孩子处理好游戏与学习之间的关系。如果孩子对游戏充满兴趣，甚至将来想要从事游戏行业，家长应给予支持和鼓励，而不是片面否定孩子的梦想。与此同时，家长要让孩子意识到，如果他想把游戏玩得更好，甚至是去设计游戏，那么现在就要好好学习，把基础打好，毕竟学习是通向任何梦想的必经之路。

刷微信、上微博，时间都被“碎片化”了

移动互联网高速发展，信息如潮水般扑面而来，微信、微博不仅占据了成年人的很多时间，孩子的学习时间也被大量占用。虽然微信和微博使用简单，文字量少，发布内容以图片居多，但是孩子对其零零散散的使用，时间还是如同细沙般在指尖无声息流逝。最终家长发现，孩子真正用在学习上的完整时间

少之又少。孩子仔细探究时间都去哪儿了，又会非常迷惑，觉得自己分明没干什么事情，就这样把珍贵的学习时间消耗掉了。

几乎人人都在用已成为热门的微信、微博，因而家长完全不让孩子接触这些网络社交平台，也很不现实。就算是为孩子对这些网络上的新生事物严防死守，孩子还是会从其他途径接触到。因而家长真正需要做的是给孩子设置好固定的学习时间。家长与孩子事先约定好，在固定的时间内，不能刷微信，也不能上微博，必须专心致志高效率地学习。当孩子完成了规定的学习任务后，才可以自由支配其他时间。

即便是在学习中途休息的时候，孩子想要看看微信、微博，换换脑子，家长最好是拒绝他。因为休息时间被碎片化后，孩子的眼睛和大脑不仅得不到真正的休息，还有可能造成学习时间被延误。家长尽量与孩子一起，把时间安排得简单明了一些，学习时间就专心学习，休息时间就好好休息，同时专门安排出自由支配时间，孩子可以看微信、微博，在上面与朋友做图片和文字的互动。

家长最好能够参与到孩子的刷微信、上微博活动中。不要只是一味杜绝，连孩子的微信号是什么都不知道。家长在微信、微博上加孩子为好友，及时关注孩子的微信朋友圈和微博更新动态，了解孩子究竟在这些社交平台上干什么，这些社交平台的吸引点在哪里。家长不要过度打压孩子刷微信、上微博的积极性，事实上只要时间安排得当，在不影响学习的前提下，这对提高孩子的情商、智商等也是非常有帮助的。

互联网时代让很多东西都呈现出了碎片化态势，但作为家长我们需要坚持和保护的是孩子的学习时间不能碎片化，创造条件，让孩子能够好好学习。家长处理好了孩子学习与使用微信、微博的关系，既可让孩子不耽误学习，也能够让他跟得上时代发展的脚步。一个可以将时间合理安排、运用得当的孩子，才能具备卓越的学习能力和适应力，从而让自己的人生迈上新台阶。

缩短学习“疲劳期”

如果孩子的学习时间超过了他所能承受的限度，孩子的大脑就会感觉到疲劳，这段时间就叫作学习“疲劳期”。在学习“疲劳期”内，如果父母依旧强迫孩子学习，他们便很可能应付差事，或者只是重复性地、机械式地学习。这个时候的学习效率自然就不高，父母和孩子都会因此觉得身心疲惫，甚至不利于在家庭中建立和睦的亲子关系。父母觉得孩子不懂事，不好好学习；

孩子觉得父母不理解自己，一天到晚只知道让自己学习。彼此之间的矛盾就这样产生了。

作为父母，当孩子对你说他感觉到累时，应当持信任的态度，站在孩子的角度去理解孩子。总是充满好奇心的孩子往往是精力充沛的，他们通常不会主动抱怨说“累”，即便有时已经非常累了，孩子还是会因为不想早睡觉等原因，而硬撑着。所以，当孩子以恳求的态度对家长说自己累了，想要休息，家长最好能够让孩子休息一下再学习，这也是提高孩子学习效率的好方法。

劳逸结合很重要。大人有时都需要忙里偷闲，更何况是孩子。对于部分能够长时间坚持学习的孩子，家长也要在适当的时间，主动让孩子休息一下。站在窗口看看外面，能够缓解孩子的视力疲劳；到小区的花园里散步，换换脑子再学习，头脑会更加灵活，时间的利用率也往往更高；哪怕只是在床上躺一下，闭目养神一小会儿，再学习的时候，孩子也会比之前更加有精神。与其让孩子每天都进行学习“长跑”，不如根据孩子的学习“疲劳期”，将长时间的学习分作不同时段。只要保证孩子在相应的学习时段内能够以最佳状态、高效率学习，学习效果通常比长时间的持续学习要好很多。

缩短学习“疲劳期”的另一个好方法就是增强孩子的学习动力和兴趣。将学习任务细化成具体的工作量。例如告诉孩子要学习语文，就不如告诉他要做多少道语文题目或者写多少个生字的效果好。孩子专心致志将相应数量的题目和生字完成，他便可以休息。这样在做题的过程中，孩子通常不会感到疲累，学习效率也很高。与此同时，家长可以和孩子比赛学习，将“玩”的概念引入学习中，当孩子觉得学习形式不再枯燥，就像玩一样有趣，那么他便会更加努力学习。毕竟孩子在玩耍的时候，很少会感受到疲累。学习如果能真正融入“玩”的概念，那么学习就会成为一件轻松快乐的事情，在时间利用率上也会有极大程度的提高。

今日事，今日毕

时间管理很重要的一点就是，需要现在完成的事情不要拖到下一秒去做，必须“今日事，今日毕”。如果孩子总是把事情推到明天去做，但明天又有明天的事情，这就容易造成恶性循环，该完成的学习任务堆积如山，孩子越是觉得事情多就越是不想马上去做。这时家长要与孩子一起努力做改进，给孩子提供行之有效的指导和帮助。

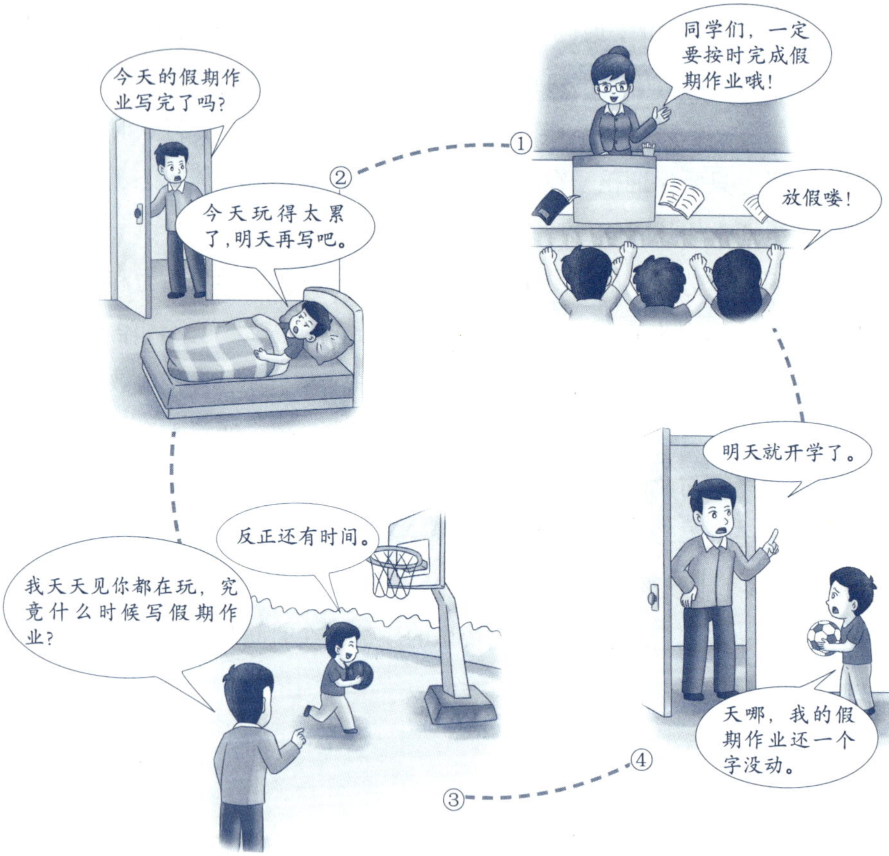

1

给孩子建立时间积累的良性体验。根据孩子的实际能力，家长帮助孩子制订学习计划，督促孩子每天完成相应的任务。大约坚持一周以后，家长引导孩子对自己的学习成果做评估，对自己的行为作回顾。这就如同一个人走了很长时间的路，向前看不觉得自己做了什么，但是回头看时，就会很有成就感。正是这种成就感，能够让孩子对“今日事，今日毕”有更多的良性体验，觉得时间其实如果运用得当，会创造出很神奇的聚集效应。长时间坚持“今日事，今日毕”，孩子更能通过知识的不断积累，实现可喜的质变。无论怎样，家长一定要向孩子指明他的变化，通过现实结果让孩子知道，学习是一个漫长的过程，只有坚持学在当下，将学习养成习惯，自己各方面的能力才会有所提升。

2

就是要有“不睡觉也必须完成当下任务”的魄力。有些家长心疼孩子，当天的作业没完成，孩子已经困得不行，家长心一软，就让孩子去睡觉了；有的家长更是自己拿起笔，挑灯夜战，为孩子代写作业。殊不知，家长这样的一时疼爱，确实是在害孩子。无论是意识形态方面，还是行为习惯上，都会导致孩子对你过分依赖。他往往觉得反正有爸爸妈妈在，自己就算是什么都不做也没关系。可是学习终究是孩子自己的事情，未来考大学、就业也都需要孩子自己去面对，家长根本代替不了。其实回过头来想，就算孩子有一两次因为完成当天的学习任务睡很晚，可如果咬牙坚持着把该做的事情做完，获得的教育效果事实上远大过于偶尔的睡眠缺失的损失。此时如果家长能狠心做“虎妈”“狼爸”，这种魄力也会令孩子在完成任务后形成稳定的内驱力。孩子发现自己原来这么能干，更加自信的同时也更加信赖父母。所以，在这样的情况下，牺牲一些孩子睡觉的时间是非常值得的。

3

任何时候挽回都不晚。即便离开学只有最后一天，只要家长监督孩子努力完成假期作业，很多孩子还是会按时完成。考场上我们也有这样的经验，眼看要交卷了，突然发现有题目还没有做，这个时候急中生智解题，完成速度往往出奇快。家长千万不可得过且过、纵容孩子，就是要让孩子“今日事，今日毕”，没有任何商量。只有，家长坚持原则，孩子才会更加努力，才会有良好的效率意识，才会养成当下完成任务的良好习惯。

重要的事与紧急的事

如果你面前同时摆有重要的事和紧急的事，时间管理主张先做重要的事。有时候当重要的事情做完了，紧急的事往往也捎带着完成了。那么在孩子的学习过程中，又该如何处理好重要的事和紧急的事之间的关系，以便于孩子可以有效利用时间，高效率地完成学习任务呢?

1

恰当定位重要的事与紧急的事。有些事情，如果从孩子的角度来看，非常重要，但是站在家长的角度来看，却并不是这样，紧急的事情也是如此。家长和孩子之间对事情的定位存在争议，于是在父母觉得孩子应当马上去把作业完成时，孩子却总能找到其他说辞。这时家长需要做的就是与孩子达成一致，统一口径，事先订立好规则。对于孩子来说，学习确实是很重要的事情，因而即便是孩子要赶时间去上课外辅导班等，或者孩子想休息补个觉，也要先把当天的学习任务完成，特别是老师布置的作业。家长只有和孩子订立好参考标准，在接下来的时间管理过程中，双方才不会引发争议，而是按照规则和标准按部就班地将重要的事情做好，将紧急的事情及时处理。

2

在按时完成的基础上进而高效率完成学习任务。家长不要急于要求孩子高效率地完成学习任务，而应当让他首先保证按时完成作业等，从最基础的层面做起。孩子需要建立起守时的行为习惯，固定的时间做固定的事，约定好的时间内完成相应的学习任务。孩子要遵守与家长的约定，只有这样，才能利用好时间，实现单位时间效率最大化。家长必须引导孩子去坚守自己的时间约定。如果孩子很好地履行了约定，那么他收获的是按时完成学习任务后的成就感以及老师、家长的认可。如果孩子违背了约定，他便需要为自己的行为承担相应责任。例如没写完作业，就接受多写五遍的惩罚等。有过这些经历，孩子对于守时这件事会更加看重。

3

注意锻炼孩子的兼顾能力。很多时候，事情不会一件接着一件有条不紊地发生，常常会聚集在一起。重要的学习任务需要完成，紧急的学习任务也一直有人在耳边催促，这时，家长要给孩子灌输统筹兼顾的意识，传授“弹钢琴”的兼顾方法。比如在到了学钢琴的时间而孩子还没有完成作业的情况下，有的家长便会让孩子在去学钢琴的路上完成一部分能够完成的作业，或者利用学琴休息的间隙，完成作业。不仅仅是这样，随着孩子所学科目的增多，每次临考前，也需要孩子能够对各科知识加以兼顾。事实证明，具有极强兼顾能力的孩子，往往会在未来的发展道路上，成为出色的领导者。

如何“临阵磨刀”

有句老话叫“临阵磨刀，不快也光”，常被大人用来告诫孩子，考试前要积极复习备考，哪怕是短暂的复习，对于上考场也非常有用。可这句话却被有的孩子误认为是平时不用怎么辛苦学习，只要在考前抓紧看看书，就能取得好成绩。学习是个慢功夫，没有平时的日积月累，仅仅是靠考前的用功，又怎么会在考试时取得好成绩呢？因而不少“临阵磨刀”的孩子都在考场上败下阵来。对于考试，我们需要肯定的是，“临阵磨刀”确实有用，但家长必须要让孩子处理好日常学习与“临阵磨刀”之间的关系，对备考时间做出合理安排，这样才能真正考出好成绩。

1

从学习课本知识开始就要坚持每日复习。老师在课堂上讲授了新知识，孩子便要马上对老师讲授的知识进行巩固记忆和练习，不要学完了就完了。孩子的短时记忆如果没有得到及时巩固，便很难形成长效记忆。孩子在平时就要注意对所学知识打好基础，这样临考前会非常轻松。平时复习时间充裕，孩子能够对知识进行总结和练习，还可以联系实际将其加以应用，进而在头脑中建立起知识体系。到了考试临近的时候，虽然复习时间紧张，但由于平时就抓紧时间复习，因而孩子便不用很着急，考试心态往往也会很好。

2

考前一个月进入强化复习阶段。对于那些平时不怎么用功学习的孩子来说，拿出一个月对考试进行强化复习，总感觉时间不够，好像有很多知识自己还没有掌握扎实，学习上的很多问题还没有及时解决。家长要认识到，强化复习必须与日常复习结合起来才会真正有效。在孩子平时认真勤奋学习的基础上，临考前一个月，家长主要针对孩子在日常学习中经常出现的问题，帮助集中力量加以解决。家长还要引导孩子从整体上系统的梳理一下知识，看看自己在日常学习过程中还有什么漏洞需要补充，特别是那些薄弱环节，多做相关练习，从而达到知识点的灵活运用。

3

考前一周至三天“临阵磨刀”。大约在考前一周的时间，孩子就差不多已经进入了“临阵磨刀”阶段。这个时期，孩子再对课本上的所学知识详细复习，事实上时间已经不够了。况且语文、数学等好几门功课都要考试，因而这段时间主要是对重点知识进行“提醒式记忆”。孩子可以把重点知识和自己复习时出现的问题标注关键字，“临阵磨刀”阶段将这些关键字单独罗列，然后根据关键字回忆起相关知识点。家长还可以为孩子找些相应的练习题，让孩子有针对性地做几道题目。这一时期千万不要再加重复习任务或者是采用“题海战”了。特别是考前一两天的时候，家长要让孩子多休息，适当看书复习。

是时候建立“时间规划局”了

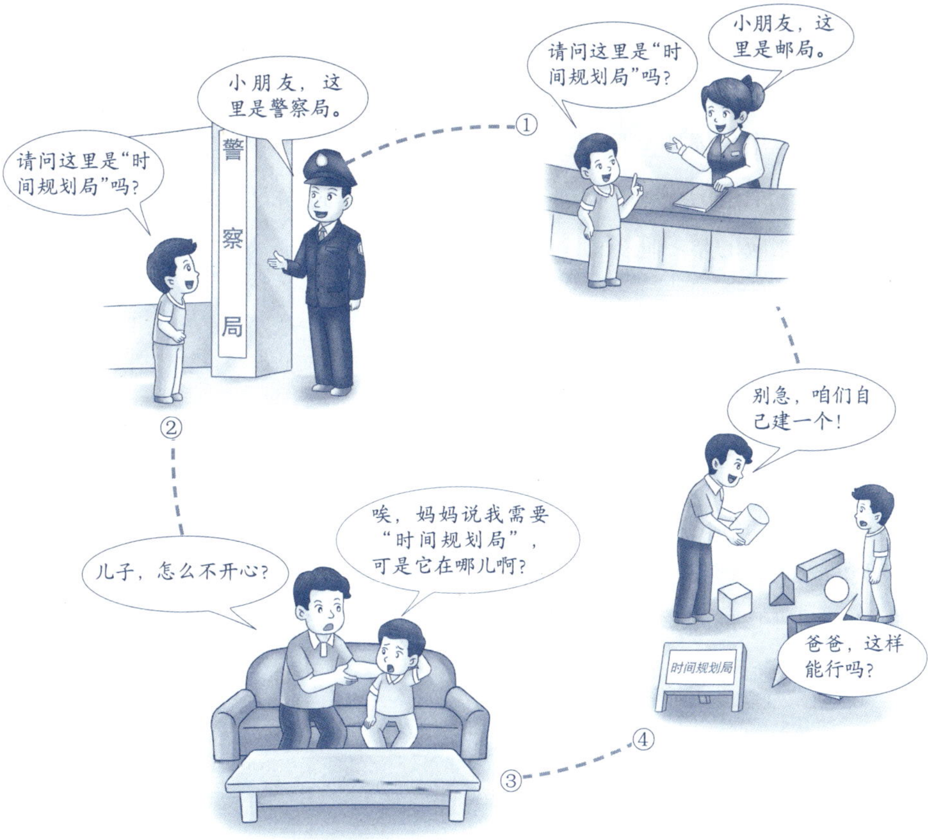

为什么有的孩子学习很好，可还是有时间去学钢琴、乐高，以及其他的课外活动？而有的孩子，仅仅是学习这一件事，就占据了他所有时间，偏偏学习成绩还很不理想？这其中很大一部分原因在于孩子没有对自己的时间做到合理规划。每个人每天都只有 24 小时，除去睡眠和用餐时间，事实上大部分人可自由支配的时间都非常相近。可如果做好了时间规划，提高单位时间的利用效率，你的 1 分钟就能变成 10 分钟，你的一天 24 小时甚至可以完成别人需要

48小时才能完成的学习任务。

1

建立学习目标体系。首先，可以一学期或者一学年为时间基点，进行整体规划。根据老师的教学目标，家长引导孩子设定出总体目标。其次，将目标细分，一学年分成两个学期，一学期分成期中和期末两个时间段，然后再进行细分。直到制定出每周甚至是每三天的学习目标，这样就建立了一个目标体系。目标如同孩子前进的路标，向前看时有方向，孩子遵循着目标的指引，就会抓紧时间完成相应的学习任务。

2

设计便于执行的学习计划。时间规划的核心就是做计划，也是孩子能够高效率学习的直接方法。因而家长引导孩子制定的学习计划必须是便于执行的。根据目标设定具体的行为，在时间进度上还要符合孩子的实际情况。特别是孩子每天的学习计划，要保证能够按时按量完成。由于孩子随时处于动态变化中，具体的学习计划最好坚持每三天或者是每周制定，同时要以整体时间规划为指向，注意不要偏离大方向。

3

合理分配不同时间段的学习任务。家长要将孩子每天的学习任务加以量化，不同的时间段，分配不同的学习任务。通常在清晨，孩子的头脑较清醒，记忆力比较好，这时可以完成背诵类的学习任务。下午和晚上，经过一天的学习，孩子的大脑被充分激活，这个时候可以完成写作文、数学计算等逻辑思维要求较高的学习任务。家长及时掌握孩子的学习状态，帮助孩子以最佳状态高效率学习，这样从整体而言，可以节省很多学习时间。

4

根据计划的执行情况进行时间“微调”。没有绝对完美的时间规划，因而随着计划的具体落实执行，家长应当与孩子共同努力，根据现实情况，对时间进行细微调整。家长多与孩子进行沟通，明确孩子在执行学习计划时遇到了哪些问题。对于那些孩子觉得很容易完成的计划，家长可以适当增加难度和任务量；而对于那些孩子完成起来有困难的计划，家长则要适当降低难度并减少任务量。

第七章 Chapter 7

心态好成绩才会更好

- 一到考试前就睡不着觉
- 考试时我总闹肚子
- 起伏不定的成绩“K 线”
- 我可以做到更好
- 我都会，小 Case
- 我是正能量“满血超人”

一到考试前就睡不着觉

很多人考试前都失眠，不只是孩子，成人更容易如此。因为担心第二天考场上遇到不会做的题，担心有些知识点没有复习到，担心自己临场发挥不好，等等，考试前一晚便常常辗转反侧。想要战胜考前失眠，运用一些策略很有必要。

1

尽量早睡。考前失眠的主要表现就是入睡困难。如果孩子复习到很晚，错过了平时习惯的睡眠时间，头脑过于兴奋，就容易遇到入睡困难的问题。这样孩子的睡眠时间难以保证，第二天考试精神不佳，往往很难考出好成绩。作为家长要注意，在考试的前一晚，尽量让孩子早点躺到床上。这样一来，孩子即便睡不着，也会有足够的时间慢慢入睡。放点舒缓的轻音乐，或者为孩子念一段优美的散文，都有助于他尽快入睡。

2

合理膳食。考前饮食一定要清淡不油腻，晚饭不要吃太多，临睡前可以喝一杯温牛奶。吃得太油腻，或者吃得太饱，不利于消化，孩子晚上睡觉时就会感觉很难受。本来心理上就有些焦虑，肠胃如果再不舒服，恐怕整个晚上都会被失眠所困扰。

3

做好复习计划。家长要引导孩子平时多复习，考前重点复习那些自己掌握还不扎实的知识点，对于容易混淆的知识点做重点梳理。家长还可以帮助孩子根据课堂笔记和课后习题有针对性地预测考试题目，增强孩子对重要知识点的记忆。要避免在考试前一晚让孩子过度复习，繁重的复习任务只会令人压力倍增。如果孩子不能按时完成复习任务，还有可能丧失信心，不仅睡眠受到影响，第二天在考场上也难以发挥出应有水平。

4

妙用自我安慰。只要孩子平时能够做到认真学习，按时完成作业，经过考前一周对知识点的梳理，就可以充满信心地告诉自己“我能行”。自我安慰不是自吹自擂，而是立足于现实，对自己的鼓励。家长可以帮助孩子分析现状，当孩子意识到自己已经为考试做好了准备，那么焦虑情绪也就会有所缓解。临睡前默念“我能行”“我已经准备好了”“明天加油”“尽力而为”等，都有助于孩子尽快入睡，第二天精神饱满地参加考试，考出好成绩。

5.

适当放松。考试前太过紧张，就容易失眠。孩子可以在考前适当做些运动，比如慢跑、打羽毛球、游泳等。也可以找些好看的彩色纸，练习折纸，或者拿彩笔涂颜色。不过家长千万不要让孩子在考前运动量太大，或者玩过于刺激的游戏。一方面，这不利于孩子的自身安全，如果出现危险，第二天的考试势必受到影响，尤其是大考之前；另一方面，剧烈运动或者太过刺激的游戏容易令孩子太兴奋，虽然大汗淋漓，感觉很累，可躺在床上很可能更加睡不着。

考试时我总闹肚子

有的孩子考试时就闹肚子，考试结束后，闹肚子问题也不治而愈了。这其实是很明显的心理影响生理的现象。特别是孩子遇到他很在意但又不很擅长的考试科目，考前心情紧张，肠胃就会出现痉挛现象，肚子疼、闹肚子，进而对孩子考试答题造成了不良影响。作为家长，如果孩子经常被这样的问题困扰该怎么办呢？心病还须心药医。

1

在家提前做好考试准备，包括上厕所。通常一个人在有准备的情况下，面对考试就不会太紧张。家长要帮助孩子在家就对考试做好准备，考试当天比平时早些起床、用餐，准备好考场上需要使用的文具，同时家长提醒孩子去上厕所。如果孩子因为时间太早，上厕所有困难，那么就尽量早点到达考场，提前去上厕所。这样事先把一切都准备就绪，孩子坐在考场上，拿到考卷，才可以更加踏踏实实地答题，而不是被各种其他因素所困扰。

2

考场上如果想上厕所就举手。有的孩子到达考场时，一切都还是好好的，但是老师一发试卷，或者考试时遇到不会做的题目，就开始肚子疼。此时如果想上厕所，一定不要强忍着。家长要嘱咐孩子，考场上想上厕所就举手向老师示意。即便是高考，如果考生想上厕所，监考老师也会允许。因而家长可以告诉孩子不用担心，大胆举手。有的孩子则担心自己去上厕所会影响考试时间。殊不知孩子在考场上隐忍着答题，被肚子疼所干扰，答题效果未必好，许多题目的作答还有可能因此受到不良影响。实际上孩子上完厕所再回来答题，其答题效率往往更高。

3

深呼吸放松，集中注意力答题。大多数孩子考试时出现闹肚子的问题，都是因为情绪紧张。家长可以教孩子一种放松身心的呼吸方法，即坐在考场上用鼻子深吸一口气，心中默念“我能行”，将意识集中在肠胃，再长吐一口气，在意识的引导下，令肠胃肌肉得以放松。然后，尽可能不去想考试如果没考好怎么办，而是将注意力全部集中在答题上。认真审题，详细作答。当孩子注意力高度集中时，有时甚至会忘了紧张，肚子疼这件事也便有所缓解。

总之，面对考试闹肚子的问题，家长要引导孩子面对现实，做最周全的准备。如果出现问题，及时采取应急措施，然后不断通过心理调节，对自己的考试状态进行调整。即便是孩子不能超水平发挥，也要将现有水平好好发挥。

起伏不定的成绩“K线”

没有人能每次考试都得100分，孩子的考试成绩在10分上下波动，属于正常现象。可是如果孩子的考试成绩波动较大，前后两次考试成绩悬殊，家长就要帮他找找原因了。

1

心理压力过大，往往是导致孩子考试成绩波动较大的主要原因。比如孩子第一次考试考得非常好，对于上进心较强的孩子而言，就会担心第二次考试没有第一次考得好该怎么办，担心被大家认为是学习成绩退步了。特别是部分考了年级第一或者班级第一的孩子，想要尽量让自己的成绩保持在排名靠前的位置，心理压力很大。遇到这种情况，家长必须想办法帮孩子减轻心理负担。让孩子意识到，学习能力比考试成绩排名更加重要。如果具备了稳定的学习能力，就尽力去好好考试，只要尽力了，就相信自己能够考出好成绩。至于考试结束后究竟能得多少分，究竟在全班或者全年级的排名是多少，都留在考试结束后再去想更合适。

2

家庭出现变故，或者交朋友遇到问题，也常常会令很多孩子考试成绩出现较大波动。家庭方面例如有亲人去世、父母离异、新添成员等。家长应当与孩子进行交流，多沟通，弄明白究竟是什么原因造成了对孩子的不利影响。必须帮助孩子面对现实，接受现实，看到现实不利于自己的一面时，也要看到它带来的变化，这些变化往往意味着新的挑战、机遇与希望。如果是孩子交朋友遇到了问题，家长可以给出正确的交朋友建议。人生得一知己足矣，真朋友无需太多，彼此能够互相支持、互相帮助最重要。孩子如果已经做到了付出真心，却还是换不来对方的友谊，事实上顺其自然比过分强求更具现实意义。此时家长最好不要有太多说教，与其对孩子讲道理，告诉他应该怎么做，不如讲讲你儿时交朋友的故事，让孩子从你这位过来人的故事中，总结出于自己有用的东西。

3

身体健康出现问题，也会严重影响孩子的考试成绩。例如孩子视力下降，上课时看不清黑板，老师课堂上讲解的很多知识点没有做好笔记，这便令孩子很难像视力正常时那样考出好成绩。有的孩子则由于饮食不规律，挑食、偏食，导致身体出现贫血或者是某种营养物质缺失等问题，学习时经常感到困倦，有时甚至头晕眼花，学习成绩自然也不会很稳定。拥有健康的体魄，才会有健康的心态，身心都保持健康，孩子的成绩才能日渐稳定。家长在帮助孩子调整心理状态的同时，必须注重保证孩子的身体健康。注意用眼卫生，每天按时吃饭，多吃蔬菜和水果，三餐合理搭配，保证充足的睡眠时间。

我可以做到更好 

①
汉字“一”要这样写，谁知道“二”怎么写？
老师，我知道。

②
1 加 1 等于 2，我想“二”应当比“一”多一横。
非常好，那你知道“二”怎么写吗？

③
老师我知道“三”怎么写了！
小川你真聪明！

④
老师我可以做到更好，我想“四”应该这样写。
呃，小川，勇气和想象力可嘉，但是……

孩子的学习积极性非常宝贵，家长一定要小心保护。即便是在家长很不看好的情况下，孩子认为他能够做到更好，家长就要予以支持与鼓励，并且伸出援手提供帮助，让孩子建立起自信。要知道，这种积极进取的心态，是孩子能够努力学习的心理根源。孩子对于现有的学习成绩不满足，没有取得好成绩，就想要努力考出好成绩，考出了好成绩，还想要努力考得更好。自己与自己比较，与自己竞赛，才是真正的强者所为。

1

提高孩子学习进度的可控性。家长如何能让孩子有信心，觉得自己还可以做到更好，其中很重要的一点，就是提高孩子学习进度的可控性，家长和孩子都有效把控好学习时间、学习效率以及学习成果。当一切因素都尽在掌握中，孩子往往会信心十足，想要主动去迎接新的挑战。

2

尽量给孩子成功的经验。孩子在学习时成功的经验越多，其学习状态和学习效果往往越好，这就是为什么很多成绩好的孩子一直都能考出好成绩的原因。暂且先不去考虑老师考试时为孩子们出什么样的题目，家长应当从最基础的课后练习入手，让孩子从解答简单的题目开始，逐步建立成就感。孩子发现自己已经都能够对这些简单的题目驾轻就熟后，心态上就会有我能做到更好的信心，进而完成更高难度的题目，积累更多成功的经验。家长平时注意让孩子多做成功的训练，给他更多正面的引导，保护好孩子的积极性和成就感，这样孩子就会如你所愿，最终成长为一个品学兼优的人。

3

面对挫折解决问题是关键。没有人在成长的道路上可以一帆风顺，挫折来了的时候，谁都挡不住。这个时候，家长要引导孩子去理智看待，尽量不要情绪化，而是真正将注意力放在思考如何解决问题上，通过行为上的改变，促成现实的改变。家长和孩子都应当知道，情绪化是有相当大的危害性，它会让孩子被坏情绪牵着鼻子走，会影响心理健康，还会扰乱视听，让孩子本就不理想的学习成绩变得更糟糕。如果我们能冷静下来，好好想想并且分析一下问题所在，做行为上的改变，挫折往往就不那么可怕了。当孩子通过自己的努力战胜了挫折，这将是一次不可多得的成功经验。孩子收获的是知识、情绪、理智、行为等各方面的正能量。这个时候善于运用心理暗示很重要，特别是当孩子觉得人生陷入低谷的时候，家长告诉他自己的小秘诀就是默念“我能做到更好”，通过心理影响行为，孩子尝试对现实进行多方改进，最终的结果便是他真正做到了更好。

我都会，小 Case

学习并不是件困难的事情，考试也一样。如果孩子能够做到平时上课认真听讲，课后认真完成作业，考试前认真复习，周全准备，考试取得好成绩便会成为必然。很多孩子惧怕学习和考试，就是因为担心自己有不会做的题目。如果孩子已经认真复习过了，平时学习也非常努力，那么就应当对自己足够信任，以小 Case 的心态来看待学习和考试。相信自己，“我都会”的状态完全是有可能的。

1

带着“我都会”的想法去学习。孩子从拿起课本开始学习起，就应当有“我都会”或者是“我能行”的想法。只有在孩子觉得自己能把知识真正掌握好的时候，主观意识形态才会真正影响客观行为，孩子进而愿意为学习付出更多时间和精力。任何事其实都是如此，只有在你觉得能掌控它的时候，才真正愿意去做，进而把事情做好。家长切忌先入为主，根据自己的主观判断，对孩子说哪些知识点学习起来比较困难。有的家长甚至还会对女孩子说，通常女孩子小时候学习好，但是步入高年级后就没有男孩子学习好。这样的话都很片面，会干扰孩子学习自信心的建立。

2

孩子足够努力后便有理由自信。“我都会”的心态需要以现实学习情况为基础，不然很有可能会演变成“我天生都会”的自负心态。家长务必要引导孩子将主观认知与客观现实相联系。努力学习，然后相信自己的努力，以学习的王者姿态自居，将学习成绩有效掌控。学习如果方法得当，本就不是什么困难的事情，家长督促孩子通过不断练习，掌握行之有效的学习方法，把每一天的知识都扎扎实实地学好，平时注意查漏补缺，然后就可以告诉自己“我都会”。自信的人是不会怀疑自己的。为了避免孩子总是怀疑自己，家长要尽量帮助他简化学习过程，学习，做练习，打分评估，然后在此基础上去相信自己。孩子长期以这样精简的思路去学习，学习效率往往也会特别高，而不是把过多的时间放在怀疑自己上。

3

就算不会，学学就会。就算孩子遇到了不懂的知识，遇到了不会解答的题目，也没关系。家长要引导孩子相信自己的学习能力，可以帮助他们认真回顾过去所学的知识，以便从中总结出规律；家长还可以教孩子一些答题的技巧和经验，然后启发孩子学会“举一反三”，使他们能够逐渐掌握新知识、解答新题目。没有人天生什么都会，学习就是要把我们不知道的信息、不懂的知识融会贯通，进而运用到实际生活中去，但在这其中，学习能力非常重要的。孩子只有通过不断地总结和练习，形成稳固的学习能力，那么一切问题就能迎刃而解了。因为无论我们遇到什么，只要通过学习就可以改变现状，让现实朝着更新更好的方向发展。如果孩子坚持学习，将学习养成习惯，学习会让他成为全能。

我是正能量“满血超人”

我们可以试想一下，如果孩子可以保持充沛的精力，在学习上遇到问题多往好处想，积极思考，认真解题，周身充满正能量，那么他的学习成绩又怎么会不好呢？很多时候，孩子不是让坏成绩打败了，而是被自己内心深处的许多负能量限制住了。我们时常在电视、微信等媒体上看到“励志”这个词，其实孩子在学习过程中最需要加入更多励志色彩。毕竟孩子脚下的学习道路极其漫长，需要付出长久的努力才能达成目标。如果家长想要推着孩子向着梦想加速跑，那么就要适时地帮助孩子进行心理建设，让他成为正能量“满血超人”，以百倍努力学习，跌倒了爬起来，直到战胜自己为止。

1

勇敢面对现实。无论孩子学习上遇到了什么问题，家长都应引导孩子鼓起勇气，直面现实。孩子只有面对问题，才能真正意识到自己在学习上究竟需要弥补的不足在哪里。当然最重要的是，找到了问题所在，还需要对问题进行详细分析。例如孩子经常粗心，家长就要帮助孩子分析一下粗心的具体问题是什么，是孩子总是将相似的知识混淆，还是对某些重点知识掌握不够扎实。然后寻找问题的原因，看看究竟是因为孩子心理上的问题，还是身体出现了问题，抑或是在学校遇到了什么问题等。这样家长和孩子一起勇敢面对现实，从孩子学习过程中遇到的问题根源入手，往往能更加有效地解决问题。

2

坚持正面思考。在学习上凡事多往好处想，保持积极乐观的心态，孩子就不会厌学，而会把学习当作一种自我挑战和超越。家长要引导孩子，对未来抱有无限希望，同时对现实做好最坏的准备。这样就算在学习上遇到了挫折，积极乐观的孩子也不会被打败，而是越战越勇。家长可以为孩子制作一张学习能力成长曲线图。这张图表上所体现的不只是孩子的学习成绩，还有诸如记忆能力、解决问题的能力、协调能力等多项能力。家长让孩子看到自己的成长，相信事物总会向着更好的方向发展，因而当孩子考试成绩不理想的时候，便可以马上意识到，只要努力，下一次就有考好的机会。

3

学会为自己打气。家长在多鼓励孩子的同时，也要让孩子学会为自己打气。

学习上遇到挫折失败的时候，告诉自己没关系，针对考试中出现的问题，对自己进行强化训练，进而解决问题，从失败中真正站起来。能够在学习过程中为自己打气的孩子，更有可能成为一个自立自强的人。

第八章 Chapter 8

成绩好坏是我一个人的事吗

- 成绩单“攻心计”
- 今天是全家“无手机日”
- 请不要对我怒吼
- 我真的快不了
- 都说多少遍了
- 课余时间让我自己来安排
- 别总拿我和别人比
- 我和你小时候不一样

成绩单“攻心计”

家长过分看重孩子的考试成绩，使得每次老师发成绩单孩子都会紧张兮兮。家长把考试成绩看得无比重要，孩子常因每次考试的一两分之差而自信心备受打击。有的孩子干脆想方设法向家长隐瞒自己的考试成绩，欺骗家长，弄丢试卷，甚至涂改考试分数。这不仅不利于孩子形成稳定而良好的学习能力，还会对孩子的思想品德教育造成负面的影响。家长必须意识到，考试成绩只是检查孩子学习效果的一种形式，但这种形式并不能够全面体现孩子的学习能力。仅仅因为孩子一两次考试成绩差，主观上就认为孩子学习不好，是非常片面和不可取的。

1

对孩子做纵向比较，尽量不要横向比较。每次考试成绩单公布后，家长要根据孩子以往的学习情况帮助他综合分析考试结果。如果孩子不说，家长尽量不要问孩子其他同学的考试成绩。当孩子很苦恼于自己没有某位同学考得好时，家长应当让孩子明白，人外有人，天外有天，总会有人比你考试成绩高，但不能因此对自己的能力全盘否定。孩子需要将每次的考试成绩与自己的昨天进行比较，只要以最大的努力去应试，从整体上来看，孩子通过努力后学习成绩在逐步提高，一切就都是正常的。

2

将注意力集中在考试中遇到的问题上，而非成绩。即便有时孩子的考试成绩真的有所退步，家长也无须太过紧张。最好和孩子一起，对那些做错了的题目进行深入分析，找到没考好的根源所在。有时考试题目对于孩子来说很简单，他便考了 100 分。有时考试题目对于孩子来说很困难，他就只考了 80 分。这时，家长就要帮助孩子找出难点，帮助孩子攻克它。真正解决了问题，孩子的学习成绩自然会上去。

3

家长引导孩子以平常心对待考试成绩。纵观人的一生，得失成败其实都是寻常事。而在孩子看来，可能他所经历的最主要的成败就是考试。家长首先自己要以平常心来看待孩子在考场上的得失成败，这样才能对孩子起到良好的示范作用。不过这不意味着家长就可以对孩子的考试成绩漠不关心，或者干脆忽视。恰当的做法是要做到适度关心，尤其是在孩子没有考好的时候，陪伴、安慰、鼓励，都是非常必要的。家长也可以给孩子讲讲自己儿时考试失败的教训，分享自己的人生经历，往往会起到更好的教育效果。

今天是全家“无手机日”

信息时代的到来，几乎每个成年人都有一部甚至多部手机。生活中也随之产生了许多无时无刻都在看手机的“低头族”。我们不得不承认，一部智能手机可以让我们的生活极其方便快捷，且乐趣十足。上网、听音乐、看视频、玩游戏、订外卖、网购等等，可是手机无论多么智能化，都不能取代家庭教育。

1

孩子需要父母的爱与关怀，才有足够的动力积极学习，茁壮成长。父母总是看手机，孩子会觉得你不关心他，觉得在你眼里，手机甚至比自己的孩子还重要。尤其是学习这件事，父母将自己沉浸在手机的世界里，美其名曰是让孩子独立学习。可站在孩子的角度上来看，父母拿着手机在娱乐，在开心地玩耍，可孩子却要独自面对枯燥的知识，难解的题目。孩子想要寻求父母帮助，父母却只是心不在焉地给予回应，孩子会有种被父母抛弃了的孤独感。孤军奋战的学习之路，对于心智尚在成长中的孩子来说是极其艰难的。

2

有的家长不陪伴孩子好好学习，却和孩子一起看手机，最终演变成孩子成了使用手机的主角。孩子拿手机看视频、听音乐、玩游戏，占用了大部分学习时间，学业自然会被耽误。长此以往，孩子玩手机成瘾，不仅学习成绩可能会下降，孩子的视力、骨骼发育等各方面都会受到不良影响。

3

家长必须积极行动起来，在家中设立“无手机日”或者“无手机时段”。在规定的时间内关掉手机，谁都不可以使用手机。父母首先要做到自律，花更多时间陪孩子一起学习。必须避免家长过度使用手机，孩子效仿家长行为的现象。当然这并不意味着家长要严防死守，杜绝孩子使用手机，而是要将手机管理好，物尽其用。规定好孩子使用手机的时间，并对孩子观看的手机内容进行监管。例如帮助孩子在手机 APP 商店下载与教育有关的软件，家长自己利用手机积极学习，都能为孩子起到良好的示范作用。

4

要知道，学习不是孩子一个人的事情。我们说培养孩子的独立学习能力，并不是说父母就可以把学习完完全全丢给孩子，自己则事不关己地在那里玩手机。家庭教育和学校教育组成了一个人的教育体系，相比于模式化的学校教育，家庭教育其实更加重要，它对孩子的学习成绩，乃至整个人生都有深远影响。父母是家庭教育的主要提供者，是孩子的第一任老师。如果家长把家庭教育的职责转移到手机、托付给手机，那么对于孩子来说，他所受到的家庭教育是不完整的，在心灵的成长发育方面也会有所缺失。这也不利于建立良好的亲子关系，无益于家庭和睦。

时间有去无回，孩子在父母身边的时光其实极其短暂。父母要关掉手机，珍惜彼此在一起的时光，陪着孩子去好好学习，做些有意义的事情。这样才能在孩子成长的道路上才不会太多遗憾与愧疚。

请不要对我怒吼

教育孩子是需要有足够耐心的。孩子成长的不同阶段，都会遇到不同的问题，没有谁的成长一帆风顺。而有的家长脾气急躁，或者由于工作繁忙，回到家面对孩子，便会缺乏耐心，当发现孩子学习过程中遇到问题时，往往对孩子大吼大叫，大声埋怨和责备。殊不知，这样做的话虽然在短时间内控制住了孩子，可孩子的内心深处没有真正妥协，他身上存在的问题没有得到有效解决，反而还有可能因为家长的怒吼，变得更加严重。

1

即将对孩子发怒时“停三秒”。情绪化的家长，往往会教育出情绪化的孩子，而教育本身应当是理性的，是需要抛弃情绪去看待和解决问题的，因而家长必须要学会有效控制自己的情绪。当你特别激动的时候，不要急着去与孩子讲道理，更不要忙着给孩子解决问题，而是要在心中默数三下，尽量按捺愤怒的情绪，想办法独处或干些其他事情，转移注意力，平复心情。在自己真正平静后，再来看看怎么与孩子沟通是最好的。

2

让孩子意识到错误的后果，而不是对他怒吼。家长对孩子怒吼的直接后果就是，孩子知道了爸爸妈妈很生气，但多数年龄较小的孩子往往弄不明白，爸爸妈妈究竟为什么生气。那么当孩子在学习上出现问题时究竟要怎么做呢？你完全可以用平静的语言取代怒吼。告诉孩子坚持这样的错误做法，最终会有什么后果。孩子如果不听，那么家长就要根据实际情况让孩子适当去体验后果。例如家长接到老师电话，得知孩子没有按时完成作业，家长告诉孩子不按时完成作业的直接后果就是第二天可能会被老师批评，甚至影响到以后的考试。孩子如果不听，家长切忌愤怒，对孩子大吼大叫，而是让他遵循自己的意愿并且对于没有完成作业的后果承担责任。当孩子发现正如爸爸妈妈所说，自己的错误给自己带来了直接的不良后果，往往也会对家长给出的学习建议更加重视。

3

家长用正确的行为去引导孩子。我们说家长教育孩子，不要用嘴，而是要用脑，用行为身体力行去感染孩子。面对孩子的错误，你与其对他大吼大叫，不如给他示范正确的做法。父母永远是孩子的第一老师，孩子嘴上不说，但眼睛却时刻在观察着父母的一言一行。家长希望孩子学习好，每次看到孩子不学习而是去玩耍的时候，就对孩子大喊“快去学习”，这样做往往会让孩子学习上很被动。如果父母平时就热爱学习，每天都在孜孜不倦的学习中要求进步，那么孩子也会受到感染，成为班里的佼佼者。

我真的快不了

家长嫌孩子做事慢吞吞，总是催促他“快一点”。可毕竟孩子有自己的性格，同时他的做事速度受到相应年龄段身体发育水平的制约。家长比孩子年长二三十岁，甚至更多，有丰富的阅历和知识储备，因而在接受和运用知识方面会更加容易。如果你要求孩子像你一样，能够做到马上理解并熟练运用知识，是不现实的。回想一下我们的幼年时期，像孩子这么大的时候，做很多事也被嫌慢，可能还没有他现在做得好。

1

对“慢”持宽容态度。家长要对孩子宽容一些，尤其是你发现孩子在学习以及成长过程中出现问题的时候。如果家长觉得孩子“慢”，那么要先承认并且接受他的现有学习速度，然后再想方设法采取改进措施。不要一味否定孩子，催促孩子，或者在言语上讽刺挖苦，给孩子起绰号如“小慢龟”等，即便是孩子表现得没受影响，实际也会令他的自尊心受伤。况且快和慢都只是相对的概念，在你看来，孩子有些慢，但很可能有比他做事更慢的孩子。

2

不做观众，领着孩子快跑。参加跑赛的运动员，特别是长跑运动员，常常会有这样的感受，尽管看台上观众热情欢呼，但自己已经跑得很累了，这时便感觉自己孤零零的，对于继续坚持快步向前奔跑这件事，其实是很困难的。有的运动员干脆产生了想放弃跑赛的念头。孩子也是一样，家长以旁观者的姿态对孩子说“你太慢了，快点把学习任务完成”，孩子会有孤立无援的负面感受。可细想来，学习是孩子一个人的事情吗？答案是否定的。作为合格的家长，要与孩子手牵手共同经历成长，在学习这件事情上也是一样。家长要陪同、引导着孩子积极学习，夯实基础，逐步加速。家长一定要注意，千万别做只是在旁边摇旗呐喊的观众，而是要参与到孩子的学习过程中去，这样才能让他真正越跑越快。

3

设定工作量和动力十足的激励机制。让孩子快一点，就一定要有具体措施，不然孩子是无论如何也快不起来的。给孩子设定他能力范围之内具体的任务量，例如写一篇500字的作文、做两道数学应用题等。然后在完成相应的任务之后，设定一件令孩子动力十足的事情，例如孩子完成500字的作文后就可以出去和小朋友一起踢足球等。任务完成得快，还有奖励，例如可以多踢 10 分钟的球。通过这样具体的设定，孩子会明确知道自己要做什么，做起事情来也会顺手，学习效率往往更高。

都说多少遍了

家长针对孩子在学习过程中出现的问题，进行反复叮嘱，可是时间久了，你会发现，不仅孩子感到厌烦，可能连家长自己也觉疲累。话说了很多，精神紧张，口干舌燥，但孩子真正听进去的没多少。家长反复说，孩子会说爸爸妈妈真啰唆，自己听得耳朵都起老茧了，家长的叮嘱多数时候都成了耳旁风。这种沟通，从家庭教育的角度来看，属于无效沟通，不提倡。

1

讲话是一门艺术。在家庭教育中，善于讲话的家长知道什么时候该对孩子动之以情、晓之以理的沟通，什么时候该留给孩子安静思考的时间，做到该停止讲话的时候及时闭嘴，尤其是在孩子抱怨说“您都说多少遍了”的时候。家长必须控制自己的表达欲望，若觉得道理未说透，可以找孩子情绪比较平稳的时机，再进行沟通，这样就能避免孩子产生过多的逆反情绪。要知道，逆反情绪不利于家庭中建立良好的亲子关系，孩子还会因此觉得父母不理解自己，觉得爸爸妈妈讨厌，甚至会抵触顶撞父母。

2

孩子是在犯错误中成长起来的。蹒跚学步的孩子经常摔跤，但孩子长大后，走路就可以越来越稳当，摔的跟头也能越来越少。家长要仔细观察孩子，先别急着叮嘱，看看孩子曾经常犯的错误现在是否依旧经常犯。如果孩子对你的叮嘱已经心知肚明，并且也很少犯相同的错误了，家长要停止叮嘱。不要因为害怕和担心，就对孩子以往的问题说个没完，孩子会觉得你很不信任自己，甚至怀疑你不爱他了。比如家长在讲学习问题的时候长篇大论，喋喋不休，孩子在理解上就容易有偏差，这样便形成了代沟。

3

家长如果觉得自己的反复叮嘱很有必要，但孩子就是不太愿意听，那么可以尝试变换一下讲话方式和讲话内容。重复性的说教谁听了都会感到厌烦，讲话主旨不变，但适当做些创新，尤其是加入一些幽默元素，孩子听上去也会觉得更有意思，并留下深刻印象，对其行为上的改变往往更有效。例如家长平时对孩子说“你要记得在每句话的结尾标上句号”，在检查孩子作业的时候便可以说“让我来看看‘句号先生’在不在家”。当然更重要的是，家长要对孩子的改变给予肯定，而不是一味地以不信任的态度加以叮嘱。还是刚才的例子，家长看到孩子已经能够习惯性地在句子末尾标注句号时，要对孩子说“你记忆力真好，都记住要标句号了”。这时孩子不仅不会觉得你烦，还会觉得爸爸妈妈真可爱。

课余时间让我自己来安排

时下竞争越来越激烈，家长想让孩子赢在起跑线上，经常会想方设法在课余时间给孩子安排各种课外辅导班，希望通过这种“吃小灶”的方式，快速提高孩子的学习成绩。孩子小学还没开始上，家长就为孩子报了识字班，让孩子提前学习识字。上小学的孩子，节假日更是被各种补课占据，根本没有可以自由支配的时间。即便是这样，有些家长还是觉得不够，为孩子购买了很多练习题，额外增加孩子的作业量，希望以此提高孩子的学习成绩。可这种完全不顾孩子感受的主观安排，往往会令孩子非常反感，觉得家长没有对自己做到足够尊重。即便是孩子被家长强迫着去上了课外辅导班，学习效果也往往不是很好，学习成绩提高变得更加困难。

1

给孩子自主安排课余时间的权力。孩子在学校、在课堂上已经学到了很多知识，他只要能够按时完成作业，做好了课前预习和课后复习工作，那么其他时间是可以自主支配的。家长如果担心孩子会因为课余时间的过度玩耍，影响到学习，其实可以给孩子划定一个范围，根据孩子的兴趣爱好，提供一些有意义的项目，让孩子在这个范围内来选择课余时间想干的事情，把选择权力交给孩子。家长可以锻炼孩子自己很好地管理时间，让他去自主安排课余时间，学习做计划，有条不紊地执行计划。通过这样的练习，孩子在课余时间所做的事情事实上能够对课堂教学起到很好的辅助效果，对于提高孩子的学习成绩非常有帮助。

2

家长做好引导和监督工作。我们说让孩子自主安排课余时间，并不是说家长可以大撒手，对孩子的事情完全不过问。家长还是要密切留心孩子的动向，要把强硬的安排软化，为孩子提出合理化建议，让孩子通过自主选择，意识到自己才是时间真正的主人。现在很多孩子都在课余时间参加各种辅导班，面对这种情况，家长要尊重孩子的意愿，态度诚恳地与孩子商量。只有在孩子愿意的前提下，才能和孩子一起去选择参加课外辅导。

3

遇到争议，协商解决。很多时候，孩子对于课余时间往往都有自己的安排，这些安排也通常是最适合孩子的。当孩子想和同学一起利用周末时间去参加英语沙龙时，家长却想让孩子去补习功课，这个时候，家长应当首先尊重孩子的选择。即便是孩子想要利用课余时间去玩耍，而家长希望孩子能够多学习，也绝对不能强迫孩子被动接受家长的安排，而是要积极沟通，以折中的办法，比如同孩子商量能否将玩耍安排在寒暑假等，协商进行。

别总拿我和别人比

人总是会有这样的心态，一山望着一山高。可是如果把这样的心态用在孩子的教育上，家长时常拿自己的孩子与别人的孩子比较，不仅会极大地打击了孩子的自信心，还会令孩子安全感缺失，觉得父母只在乎学习成绩，根本不爱自己。家庭教育，方法很重要，特别是家长与孩子的沟通方法，家长如果能把话说到孩子内心深处，往往会成为学校教育的极佳辅助，对于提高孩子的学习成绩非常有帮助。总的来说，家长应当做到三个“不要”。

1

不要总是肯定其他孩子，否定自己孩子取得的进步。有的家长见到亲戚、朋友家的孩子学习好，便羡慕嫉妒恨，在孩子面前通过夸耀其他孩子，希望能够对自己的孩子起到激励作用。殊不知，家长的这种比较，对孩子而言是深深的伤害。孩子会觉得家长看不到自己的进步，却对其他孩子非常关注，会以为家长根本不关心自己。家长可以在孩子面前提到比他更优秀的孩子，但一定要注意措辞和语气。尽量以描述性的语言，客观地将事实告诉孩子，不要带任何感情色彩。同时在日常生活中，家长要多对孩子的努力和进步给予肯定，让孩子意识到，爸爸妈妈时刻都在关注他。通常每个孩子都想成为父母的骄傲，当你为他提供了更多现实信息，并且让孩子知道爸爸妈妈永远都支持他，这样孩子自己就会做横向比较，进而想办法超越自我。

2

不要怀疑孩子的决心。当孩子对父母说，这次考试他要考过班里的某位同学，或者他要考到多少分。即便家长觉得那是天方夜谭，也不要用怀疑的态度来打击孩子的积极性。家长与其问孩子“你确定自己能行吗”，不如鼓励孩子，对他说“加油，爸爸妈妈支持你”。如果家长总是对孩子的决心产生怀疑，孩子就会变得非常不自信，在学习的道路上，努力的脚步也因此显得迟疑。而得到了爸爸妈妈支持的孩子却截然不同，父母相信他能够考出优异好成绩，孩子才会有勇气去付出更多努力，达到设定目标。

3

不要贬低、挖苦孩子。家长用“傻瓜”“笨蛋”等词汇贬低、挖苦孩子，或者对孩子说“你就是扶不上墙的烂泥”，然后拿别人家孩子的出色与自家孩子在学习上面临的问题比较，被这样不尊重地对待，孩子内心会觉得极其不舒服。家长在教育孩子的时候，一定要注意恰如其分的表达。尊重孩子是教育的前提，没有尊重的教育不能称之为教育。

我和你小时候不一样

很多自身非常优秀的家长，在家庭教育中，对孩子的要求往往也是高标准。家长希望孩子能够比自己学得更好，可越是这样，孩子反而学得越糟糕，令家长非常失望。于是家长便将自己年少时的经历讲给孩子听，谁知却遭到孩子的逆反，效果很不好。有的家长便会感叹，孩子虽然是自己生的，可为什么就没有遗传到任何自己在学习上的优点呢？客观地来看，不是孩子没有遗传到家长的优良基因，而是家长不恰当的教育方法和讲话方式，深深地伤害了孩子敏感脆弱的内心，从而对他的学习产生了不良影响。

1

适当对孩子降低标准。孩子之所以与家长年少时不同，那是因为他是独一无二的。孩子有自己的性格和喜好，他的能力不是由家长说了算的。当家长发现孩子目前还达不到你所期望的标准时，就适当为孩子降低标准，保护好孩子的成就感。只有这样，孩子才可能不会因为自信心过度受挫，在学习的道路上停止前进。我们探讨家庭教育，不是为了用高标准去打击孩子的进取心，而是要切实有效地帮助他们不断提高，不断成长。即便是家长觉得目前孩子与自己曾经的成就相差甚远，但这不代表有朝一日孩子不会超过你。只要肯付出努力，形成良好的学习习惯，孩子未来依旧有无限可能。

2

用讲故事来代替比较。家长与其对孩子说“我像你这个年龄的时候就能做很多事了”，不如语气平和地给孩子讲自己当年的故事，讲讲你的得失成败，讲讲你的感受。这样在孩子看来，你不是在向他炫耀自己有多么成功，而是真心分享考取 100 分后的喜悦与收获，分享因为精通某种特长被老师家长认可后的感动。家长要将自己的努力和付出讲给孩子，而不是只对他一再强调自己辛勤学习换来的成果。家长一定要注意自己的讲话方式，与孩子平等沟通，切忌高高在上，以说教的姿态去数落孩子，那样只会令他不胜其烦。

3

鼓励孩子做自己。家长如果想让孩子成为另一个自己，那就是大错特错了。家长真正需要做的是鼓励孩子在学习的过程中发现自己，了解自己，做最好的、独立的、真正的自己。孩子不用去曲意迎合家长，而是根据自己的梦想完成学习目标，在家长的帮助下做学习规划，知道自己的兴趣所在。这样才能够真正形成适合自己的学习方法和学习习惯，久而久之形成最稳固的学习能力。